U0090186

民國文化與文學研究文叢

二　編

李　怡 主編

第8冊

民國憲政、法制與現代文學（下）

李　怡、謝君蘭、黃　菊 編

國家圖書館出版品預行編目資料

民國憲政、法制與現代文學（下）／李怡、謝君蘭、黃菊 編
— 初版 — 新北市：花木蘭文化出版社，2013〔民 102〕
目 4+176 面；19×26 公分
（民國文化與文學研究文叢 二編；第 8 冊）
ISBN：978-986-322-311-5（精裝）
1. 中國文學 2. 現代文學 3. 文學評論
541.26208 102012321

ISBN-978-986-322-311-5
9 789863 223115

民國文化與文學研究文叢
二 編 第八冊 ISBN：978-986-322-311-5

民國憲政、法制與現代文學（下）

作 者 李怡、謝君蘭、黃菊
主 編 李 怡
企 劃 四川大學現代中國文化與文學研究中心
民國文學與海外漢學研究中心（籌）
北京師範大學民國歷史文化與文學研究中心
總 編 輯 杜潔祥
印 刷 普羅文化出版廣告事業
出 版 花木蘭文化出版社
發 行 人 高小娟
聯絡地址 235 新北市中和區中安街七二號十三樓
電話：02-2923-1455／傳真：02-2923-1452
網 址 http://www.huamulan.tw 信箱 sut81518@gmail.com
初 版 2013 年 9 月
定 價 二編 22 冊（精裝）新台幣 38,000 元

民國憲政、法制與現代文學（下）

李怡、謝君蘭、黃菊　編

目次

上冊

下　冊

從兩份土地法文件看土改小說創作

彭冠龍*

土地改革運動是一場偉大的社會運動，它使千百萬農民「從封建剝削制度的枷鎖下解放出來，第一次眞正成為土地的主人」〔註 1〕，從而極大地釋放了革命熱情，為中國共產黨奪取全國政權、迅速恢復國民經濟和取得抗美援朝戰爭勝利提供了強有力的支持。這場運動從 1946 年開始，一直延續到 1952 年，在此期間，大批知識分子作為「土改工作隊員」，直接參與其中，並以小說形式反映著這一運動的過程，公開發表的作品數以百篇計。由於這場運動時間跨度長、過程複雜、意義重大，導致對其進行敘事的土改小說創作具有了豐富性，其中，土改小說創作與土地法規的關係是歷來被研究者關注的一點。

在土改運動中，中國共產黨先後頒布了三份關於土地的法律文件。1946 年，在老解放區已經進行過減租減息、新解放區進行了大規模反奸清算運動之後，解放區的階級關係發生很大變化，但是封建土地關係依然存在，為了徹底消滅封建土地關係、滿足農民的土地要求、支持前線的革命戰爭，中共中央於 5 月 4 日召開會議，通過了《關於土地問題的指示》，土改運動興起，這是中共中央在土改運動中頒布的第一個具有法律效力的文件。《關於土地問題的指示》發出不久，全面內戰爆發，國內形勢發生了重大變化，這使土改運動遇到了許多新情況和新問題，另外，在執行《關於土地問題的指示》的過程中，逐漸發現了這一文件的許多亟待解決的不足之處，因此，中共中央決定於 1947 年召開全國土地會議，並於 9 月 13 日大會最後一次全體會議上

* 彭冠龍（1988～），男，山東泰安人，貴州師範大學文學院中國現當代文學專業在讀碩士研究生，研究方向：中國現代文學。

〔註 1〕 羅平漢：《土地改革運動史》，福建人民出版社 2005 年版，頁 404。

通過了《中國土地法大綱》，這是中共中央在土改運動中頒布的第二個土地法文件。新中國建立後，土改運動的直接目的由動員農民支持革命戰爭轉變爲解放和發展農村社會生產力、恢復和發展國民經濟，爲了順應這一轉變，1950年，中央政策研究室提出了《中華人民共和國土地改革法（草案）》，經過一系列研究和修正，在 6 月 28 日的中央人民政府委員會第八次會議上獲得通過，並於 6 月 30 日正式公佈施行。由於《中華人民共和國土地改革法》頒布不久，抗美援朝戰爭爆發，全國範圍內出現參軍參戰的熱潮，「抗美援朝，保家衛國」成爲時代主題，導致土改小說創作普遍以反映土改爲由頭爲抗美援朝做宣傳，因此，本文僅研究土改小說創作與前兩份土地法文件的關係。

對於土改小說創作與土地法規的關係，前人無論怎樣言說，總要落腳到一點：圖解政策。然而，仔細閱讀《關於土地問題的指示》和《中國土地法大綱》後，再來看當時的土改小說作品，會發現二者關係並沒有這麼簡單。

一

首先看土改小說是如何表現這些法律條文的。《關於土地問題的指示》中有 18 項規定，在土改小說中被表現出來的是以下幾項：

「(一) 在廣大群眾要求下，我黨應堅決擁護群眾在反奸、清算、減租、減息、退租、退息等鬥爭中，從地主手中獲得土地，實現『耕者有其田』。」〔註 2〕這一項在每篇土改小說中都有所表現，因爲這是土改運動的前提，沒有這一項，土改運動不會發生，土改小說更無從談起。

「(三) 一般不變動富農的土地。如在清算、退租、土地改革時期，由於廣大群眾的要求，不能不有所侵犯時，亦不要打擊得太重。」〔註 3〕比如《太陽照在桑乾河上》胡泰說的話：「像咱，他們只評成個富農，叫咱自動些出來，咱自動了六十畝地。咱兩部車，他們全沒要，牲口也留著，還讓做買賣，……」〔註 4〕《旱》中說的更直接：「現在的政策，富農的土地不動呀，……劉少奇副主席在『五一』勞動節大會上早講過啦，這會毛主席也講過了哩……」〔註 5〕

〔註 2〕劉少奇：《關於土地問題的指示》，載《劉少奇選集（上卷）》，人民出版社 1981 年版，頁 378。

〔註 3〕劉少奇：《關於土地問題的指示》，載《劉少奇選集（上卷）》，人民出版社 1981 年版，頁 378。

〔註 4〕丁玲：《太陽照在桑乾河上》，人民文學出版社 1956 年版，頁 223。

〔註 5〕祝向群：《旱》，《人民文學》1950 年第 2 卷第 5 期。

「(四) 對於抗日軍人及抗日幹部的家屬之屬於豪紳地主成分者，對於在抗日期間，無論在解放區或在國民黨區，與我們合作而不反共的開明紳士及其他人等，在運動中應謹愼處理，適當照顧，一般應採取調解仲裁方式。」〔註6〕這一項在土改小說中普遍被表現爲地主經常利用的政策漏洞，比如《趙殿臣落網記》中，趙殿臣是個無惡不作的地主，「自從他知道他大兒子當了解放軍的消息以後，他就披起『光榮軍屬』的外衣來」〔註7〕。《太陽照在桑乾河上》裏的錢文貴也趕在土改前把二兒子錢義送去參軍，當上了軍屬，因此在「密謀」中說：「土地改革，咱不怕，要是鬧得好，也許給分上二畝水地，咱錢義走時什麼也沒有要呢。」〔註8〕

「(六) 集中注意於向漢奸、豪紳、惡霸作堅決的鬥爭，使他們完全孤立，並拿出土地來。……對於漢奸、豪紳、惡霸所利用的走狗之屬於中農、貧農及其他貧苦出身者，應採取爭取分化政策，促其坦白反悔，不要侵犯其土地。在其坦白反悔後，須給以應得利益。」〔註9〕這一項中，關於堅決鬥爭漢奸惡霸的內容在土改小說中有直接的展現，比如《拍碗圖》中對地主白吃鬼的鬥爭〔註10〕、《暴風驟雨》中對地主韓老六的鬥爭等等。而關於分化中農、貧農及其他貧苦出身的走狗的內容，在土改小說中也涉及，但是一般不寫對走狗的勸說，而是一律將走狗塑造成投機分子、破壞分子和頑固分子等反面形象，比如《暴風驟雨》中的韓長脖、李青山，《邪不壓正》中的小旦等等。

「(八) 除罪大惡極的漢奸分子及人民公敵爲當地廣大人民群眾要求處死者，應當贊成群眾要求，經過法庭審判，正是判處死刑外，一般應施行寬大政策，不要殺人或打死人，……」〔註11〕對這一項的表現多出現在鬥爭會場面中，比如《村仇》裏寫鬥爭地主趙文魁時，很多人衝上主席臺打趙文魁，老劉「也過來勸解說：『咱們不能亂打亂鬧，他們有天大的罪惡，也要交法庭

〔註6〕劉少奇：《關於土地問題的指示》，載《劉少奇選集（上卷）》，人民出版社1981年版，頁378～379。
〔註7〕白蘇林：《趙殿臣落網記》，《說說唱唱》1951年第21期。
〔註8〕丁玲：《太陽照在桑乾河上》，人民文學出版社1956年版，頁17。
〔註9〕劉少奇：《關於土地問題的指示》，載《劉少奇選集（上卷）》，人民出版社1981年版，頁379。
〔註10〕田間：《拍碗圖》，《文藝報》1950年第2卷第1期。
〔註11〕劉少奇：《關於土地問題的指示》，載《劉少奇選集（上卷）》，人民出版社1981年版，頁379～380。

處理。』」〔註 12〕《邪不壓正》中寫鬥爭地主劉錫元時，「不知道誰說了聲打，大家一鬨就把老傢夥拖倒。小昌給他抹了一嘴屎，高工作員上去抱住他不讓打，大家才算拉倒」〔註 13〕。

「(十二) 在運動中所獲得的果實，必須公平合理地分配給貧苦的烈士遺族、抗日戰士、抗日幹部及其家屬和無地及少地的農民。」〔註 14〕這一項在每篇土改小說中都有所表現，因爲這是土改運動所要達到的目的，土改小說中不表現這項政策，就無法準確反映土改運動的意義。

除以上 6 項之外，其餘 12 項規定均未在土改小說中予以表現，也就是說，土改小說創作只反映了《關於土地問題的指示》中 1／3 的內容。繼續深究一步，基於以上分析可以看出，在土改小說中有所表現的 6 項條款，有 2 項並非直接表現，而是在作品中被適當地加工了。

與《關於土地問題的指示》情況類似，《中國土地法大綱》中的 16 條規定也沒有完全被土改小說創作所表現，在作品中能找到的僅有 6 條，即「第一條，廢除封建性及半封建性剝削的土地制度，實行耕者有其田的土地制度」、「第二條，廢除一切地主的土地所有權」、「第五條，鄉村農民大會及其選出的委員會，鄉村無地少地的農民所組織的貧農團大會及其選出的委員會，區、縣、省等級農民代表大會及其選出的委員會爲改革土地制度的合法執行機關」、「第六條，土地……按鄉村全部人口，不分男女老幼，統一平均分配」、「第八條，鄉村農會接收地主的牲畜、農具、房屋、糧食及其他財產，……分給缺乏這些財產的農民及其他貧民……」、「第十三條，對於一切違抗或破壞本法的罪犯，應組織人民法庭予以審判及處分」。〔註 15〕

另外，還有大量作品的內容與法律條文根本不沾邊。比如孫犁的《村歌》，只用極小篇幅來寫鬥地主的情形，大量筆墨都放在幹部群眾之間、積極分子和落後分子之間以及家庭成員之間的矛盾糾葛上；康濯的《買牛記》，通過買牛這件小事反映了土改之後農民群眾發展生產的積極性；秦兆陽的《改造》，

〔註 12〕馬烽：《村仇》，《人民文學》1949 年創刊號。

〔註 13〕趙樹理：《邪不壓正》，載《趙樹理文集（第 1 卷）》，工人出版社 1980 年版，頁 254。

〔註 14〕劉少奇：《關於土地問題的指示》，載《劉少奇選集（上卷）》，人民出版社 1981 年版，頁 381。

〔註 15〕中國共產黨中央委員會：《中國土地法大綱》，渤海新華書店 1948 年版，頁 3～8。

沒有寫對地主的殘酷鬥爭，而是表現了在群眾勸說和幫助下，一個遊手好閒的地主變爲普通勞動者的過程；等等。

總之，土改小說創作對黨的土地法並不是原封不動的完全予以表現，而是存在兩種類型。第一種類型是只選取一部分法律條文予以表現，如果仔細觀察，可以發現土改小說創作選取的這部分條款都是與「鬥地主」和「分土地」直接相關的，而那些被土改小說創作忽略的條款都與這兩件事沒有直接關係，比如團結知識分子、發展民兵組織、及時開會總結經驗等等，在這類作品中，常出現一種特殊情況，即有些條款被作者進行了加工修改，對這些條款的加工修改實際上也是要更好地爲「鬥地主」和「分土地」服務；第二種類型是完全不去表現法律條文，這一類作品與前一類正好相反，內容中沒有「鬥地主」和「分土地」，所寫的要麼是土改過程中的不良現象，要麼是土改之後農民群眾高漲的生產積極性。

二

結合作家創作過程來看，無論是第一種類型的作品還是第二種類型的作品，所寫內容實際都是作者自身親歷的事件。

在土改運動中，作家被「政策」驅趕著走進了農村，作爲「土改工作隊員」親自參與土地改革工作，在參與過程中創作「土改」小說。毛澤東《在延安文藝座談會上的講話》中最早提出，要徹底明確「爲什麼人」的問題，就「一定要在深入工農兵群眾、深入實際鬥爭的過程中，在學習馬克思主義和學習社會的過程中，逐漸地移過來」〔註 16〕，由於「爲什麼人」的問題被毛澤東定性爲根本的問題、原則的問題，這一「深入工農兵群眾、深入實際鬥爭」的要求就被文藝界廣泛宣傳並認眞踐行了。在「土改」期間有關文藝工作的政策文件中，都能找到要求作家深入農村生活、參加土改運動的內容。比如，1950 年在中南區文藝工作會議上提出了這一年中南區的文藝工作方針和任務，其中就指出：「一九五〇年我們的主要任務就是生產建設和土地改革這兩件大事。特別是土地改革，……爲了完成上述工作任務，必須要求每一個文藝工作者作艱苦的工作。所謂艱苦的工作，就是說，要有決心深入到工廠、農村中去，深入到群眾運動中去，要和工人農民一起參加生產戰線和土

〔註 16〕毛澤東：《在延安文藝座談會上的講話》，人民出版社 1975 年版，頁 15。

改戰線上的鬥爭，要在實際上而不是在口頭上做一個普通工人和普通農民的戰鬥夥伴。」〔註 17〕《文藝報》刊載的來自南昌的一則通訊中可以看出當時江西省委宣傳部和江西文聯對作家參加「土改」的政策要求：「在省委宣傳部的領導下，江西文聯、文工團和廣播電臺合組了一個土地改革調查創作組，於六月底出發鄉村。……江西文聯最近正計劃吸收一部分在寫作技巧和理論修養上有著一定水平的文藝工作者，擺脫原來的工作崗位，去參加土地改革去……」〔註 18〕在各地區這種政策的要求下，許多作家走進了農村，丁玲去了晉察冀解放區的涿鹿縣溫泉屯，周立波去了松江省珠河縣元寶區元寶鎮，孫犁去了河北省饒陽縣，沙汀去了四川華陽縣石板灘，馬烽去了晉綏根據地的崞縣大牛堡村，等等。

這些作家在農村生活中不斷發現素材，開始藝術構思。對於前文所述第一種類型的作品，可以《暴風驟雨》的寫作過程爲例。在這部小說中，「人物和打騷子以及屯落的面貌，取材於尙志。鬥爭惡霸地主以及趙玉林犧牲的悲壯劇，取材於無常」〔註 19〕，由此可見，這部小說的內容皆取材於作者的經歷，而且在寫作過程中，作者隨時深入實際鬥爭去尋找創作所需的現實原型，「初稿前後寫了五十天，覺得材料不夠用，又要求到五常周家崗去參與『砍挖運動』。帶了稿子到那兒，連修改，帶添補，前後又是五十來天」〔註 20〕。周立波始終認爲「深深的感動了自己的親身經歷，是第一等的文學材料」，「所見所聞，是文學的第二位的材料」〔註 21〕，因此，在《暴風驟雨》下卷的寫作中，「寫作的時間不算長，但是搜集和儲備材料的時間卻比較的多。寬一些說，從一九四六年底到一九四八年春，除工作的時間外，都是下卷的積纍材料的時間」，「所用的材料，都是個人的經歷和見聞」〔註 22〕。除《暴風驟雨》

〔註 17〕熊復：《中南區一九五〇年的文藝工作方針和任務》，《長江文藝》1950 年第 2 期。

〔註 18〕王克浪：《爲土地改革進行準備——南昌通訊》，《文藝報》1950 年第 12 期。

〔註 19〕周立波：《〈暴風驟雨〉是怎樣寫的？》，載《周立波研究資料》，知識產權出版社 2010 年版，頁 245。

〔註 20〕周立波：《〈暴風驟雨〉是怎樣寫的？》，載《周立波研究資料》，知識產權出版社 2010 年版，頁 244～245。

〔註 21〕周立波：《〈暴風驟雨〉是怎樣寫的？》，載《周立波研究資料》，知識產權出版社 2010 年版，頁 246。

〔註 22〕周立波：《現在想到的幾點——〈暴風驟雨〉下卷的創作情形》，載《周立波研究資料》，知識產權出版社 2010 年版，頁 249。

外，田間的《拍碗圖》、馬烽的《村仇》、白蘇林的《趙殿臣落網記》等作品的創作過程也都是很好的例子。

對於前文所述第二種類型的作品，可以沙汀的《母親》爲例。關於這部作品的創作過程，目前沒有找到自述文章，但是沙汀在這部作品創作前後所寫的工作日記可以提供許多線索，小說講述的是土地改革後農民積極參軍參戰、保衛土改勝利果實的故事，主要情節和人物形象都能從沙汀日記中找到原型，比如，小說中所描繪的報名參軍場面與沙汀在 1952 年 7 月 23 號日記中所記載的場面非常像，小說主人公農會副主席陶大娘賣過兒女的經歷，與 1952 年 7 月 24 號日記中記載的副主席李大娘的經歷高度吻合，小說開頭所描寫的小組討論也能在 1952 年 7 月 25 號日記中找到原型〔註 23〕，這些都說明《母親》是沙汀根據自己親身經歷經過藝術加工後完成的。其他如孫犁的《村歌》、秦兆陽的《改造》等作品也都是這樣創作出來的。

諸如此類的例子在每篇「土改」小說的創作中都存在，總體來看，在這些作品的創作過程中，作者都在親身經歷著土改運動，而且作者所強調的也正是這種「親身經歷」，而非「政策」。

三

既然如此，作家在創作過程中是否考慮了黨的土地法呢？答案是肯定的。以《太陽照在桑乾河上》爲例，創作這部小說之前，丁玲參加了晉察冀中央局組織的土改工作隊，在懷來、涿鹿一帶作了兩個月的工作，在這期間，「捲入了複雜而又艱難的鬥爭熱潮，忘我的工作了二十天」〔註 24〕，《太陽照在桑乾河上》就是根據這二十天的經歷創作的。根據丁玲的回憶，在創作過程中，她爲了不犯錯誤，「反覆去，反覆來，又讀了些關於土地改革的文件和材料」〔註 25〕，也就是說，丁玲在創作時不斷閱讀關於土地改革的法律政策文件，其目的就是要保證作品中不出現政策問題，正因爲如此，在塑造顧涌這個人物形象時，由於「當時任弼時同志的關於農村劃成分的報告還沒有出

〔註 23〕沙汀：《在石板灘——一九五二年在四川華陽縣石板灘參加土改日記片斷》，《新文學史料》1991 年第 3 期。

〔註 24〕丁玲：《一點經驗》，載《丁玲研究資料》，知識產權出版社 2011 年版，頁 125。

〔註 25〕丁玲：《一點經驗》，載《丁玲研究資料》，知識產權出版社 2011 年版，頁 126。

來」、「開始搞土改時根本沒什麼富裕中農這一說」〔註 26〕，沒有法律政策可依據，就「沒敢給他定成分，只寫他十四歲就給人家放羊，全家勞動，寫出他對土地的渴望」〔註 27〕；也正因爲要保證作品中不出現政策問題，作品完成後，根據丁玲 1948 年 6 月 16 日的日記可知，在交給胡喬木審閱時，丁玲最關心的還是作品內容是否符合政策要求〔註 28〕。除這部作品之外，其他作品，如孫犁的《秋韆》、方紀的《讓生活變得更美好罷》、碧野《阿嬋》等等，其創作過程無不存在這一現象，就連周立波如前文所述那樣重視親身經歷，也要在創作中考慮黨的土地法，對北滿土改過程中違背土地法條款的現象不予表現，並且指出「革命的現實主義的寫作，應該是作者站在無產階級立場上站在黨性和階級性的觀點上所看到的一切眞實之上的現實的再現」〔註 29〕。

一旦作品內容不符合黨的土地法精神，就會招來「圍攻」式的批判，比如秦兆陽的《改造》，作品發表六個月之後，《人民文學》第二卷第二期就刊出了有關這篇小說的兩份評論文章，對這篇小說大加討伐。徐國綸的《評〈改造〉》認爲，《改造》中採用勸說甚至幫助地主的方法在土改後是不適用的，對地主的改造應該實行強制勞動的方法〔註 30〕；羅溟的《掩蓋了階級矛盾的本質》認爲，這篇小說缺乏階級分析，「愛」與「憎」是非常模糊的，無原則的歌頌了一個地主如何成了個「新人」〔註 31〕。從這些觀點中可以看出，他們圍繞的中心都是不符合土地法精神。迫於壓力，秦兆陽只得寫檢討，承認自己沒有寫出地主階級殘酷地剝削農民階級的本質，也沒有寫出正面人物對待王有德應具有的階級立場和階級覺悟〔註 32〕。

每一位作家都在創作中時刻考慮黨的土地法，一旦作品內容與法律條文有出入，就會被批評，這樣看起來，土改小說創作似乎是在「圖解政策」，而仔細觀察他們對創作過程的自述以及他人的批判，會發現他們這樣做的眞正

〔註 26〕丁玲：《生活、思想與人物——在電影劇作講習會上的講話》，載《丁玲研究資料》，知識產權出版社 2011 年版，頁 141。

〔註 27〕丁玲：《生活、思想與人物——在電影劇作講習會上的講話》，載《丁玲研究資料》，知識產權出版社 2011 年版，頁 141。

〔註 28〕丁玲：《四十年前的生活片斷》，《新文學史料》1993 年第 2 期。

〔註 29〕周立波：《現在想到的幾點——〈暴風驟雨〉下卷的創作情形》，載《周立波研究資料》，知識產權出版社 2010 年版，頁 250。

〔註 30〕徐國綸：《評〈改造〉》，《人民文學》1950 年第 2 卷第 2 期。

〔註 31〕羅溟：《掩蓋了階級矛盾的本質》，《人民文學》1950 年第 2 卷第 2 期。

〔註 32〕秦兆陽：《對「改造」的檢討》，《人民文學》1950 年第 2 卷第 6 期。

目的是「正確的反映土地改革」。在這裏，所謂「正確的反映」不等於「如實的反映」，因爲在「土改」過程中，自始至終都伴隨著各種各樣的錯誤，「查三代」、「掃堂子」、「搬石頭」等現象能引起毛澤東的高度重視足以說明其普遍性，這些錯誤現象進入作品中之後不利於鼓舞和發動農民群眾自發地參加鬥爭，與作家參與「土改」的主要工作——以文藝武器爲土地改革服務——相矛盾。「正確」是指方向正確、與黨中央的「土改」政策和土地法保持一致，只有這樣才能保證土地改革的順利進行，這就需要作者對法律政策有較深入的理解，這一點幾乎在每份關於文藝工作者參加土地改革的政策文件和討論文章中都明確提出了，比如，1951 年第 2 期《西南文藝》發表的劉仰橋的《參加土地改革，正確的反映土地改革》中明確指出：「要想正確的反映運動，表現新的人物，就必須熟悉運動的規律，熟悉新的人物，而熟悉政策則是眞正熟悉運動熟悉人物必具的政治前提……」〔註 33〕杜潤生《在中南第二次文藝工作會議上關於土改問題的報告》中也闡明了理解政策與正確反映土地改革的關係：「若不懂得土改政策，就是下鄉去住上幾年，也會茫然一無所知，發現不了問題，發現了問題無法正確反映。」〔註 34〕1950 年 9 月《文藝報》發表的俞林的《我在土改中的一點經驗》也著重說到這一問題：「我感到政策……是土改工作的重要環節，不理解這些問題就不能正確的瞭解這一運動，更不用說描寫這一運動了。」〔註 35〕因爲作家是作爲「土改工作隊員」參加土地改革的，所以「正確的反映土地改革」這一目的就成爲了作家的工作任務，而熟悉法律政策、自覺地運用法律政策來表現土地改革運動就成爲完成工作任務的必要手段。

四

作者在創作中普遍堅持以自身親歷的事件爲作品的基礎和主要材料，同時又爲了正確反映土地改革而時刻考慮法律政策要求，在土改運動過程中，作者最常接觸的事情無非是「鬥地主」、「分土地」、發展生產和一些與前三種事情相關的不良現象，前兩件事情可以在土地法中找到規定，而後兩件事情

〔註 33〕劉仰橋：《參加土地改革，正確的反映土地改革》，《西南文藝》1951 年第 2 期。

〔註 34〕杜潤生：《在中南第二次文藝工作會議上關於土改問題的報告》，《長江文藝》1950 年第 3 卷第 3 期。

〔註 35〕俞林：《我在土改中的一點經驗》，《文藝報》1950 年第 2 卷第 12 期。

則無法找到相關規定，因此，作品中就出現了本文第一部分所揭示的現象——要麼只反映土地法文件中的一小部分規定，要麼與土地法根本不沾邊兒。

在這裏應該指出的是，土改小說作品中不僅能看到對一些法律政策的反映，還能夠看到作者對所反映的法律政策的思考。

比如，在鬥地主的時候，是否應該按群眾的要求將地主就地打死，這就是對《關於土地問題的指示》中第八條的思考，反映到作品內容中，就出現了在鬥爭會場裏面地主被打得半死時才會有幹部上前保護的現象，《村仇》中群眾鬥爭地主趙文魁時，群眾已經開始打趙文魁，「趙拴拴……忽然又跳到了臺下，一把扯住趙文魁的領口就打，他老婆也哭罵著撲過來了，用嘴咬趙文魁。田鐵柱跳下臺來去打田得勝，……人們亂叫喊，有的也擁了過來」〔註 36〕，在趙文魁被打了好久之後，老劉才勸解說「咱們不能亂打亂鬧，他們有天大的罪惡，也要交法庭處理」〔註 37〕，類似的情節在田間的《拍碗圖》、周立波的《暴風驟雨》、趙樹理的《邪不壓正》等作品中都存在。地主作爲統治階級對農民長期以來的剝削，造成了尖銳的階級對立，許多農民對地主產生了強烈的復仇情緒，這種情緒如果不能釋放出來，可能會減弱群眾鬥爭的積極性，而政策規定不能隨意打死人，因此，作者在作品中總是先讓地主挨打，再讓幹部來勸說，讓讀者把兩方面都看到後自己去評論。

再比如土地如何分配，這是對《關於土地問題的指示》第十二條和《中國土地法大綱》第六條的思考，李伯劍的《樺樹溝》就借群眾之口探討了這樣幾個問題：「把地都給了不會務育莊稼的傻子、懶漢，把咱生產給耽誤了，咱八路軍前方作戰，還要不要吃公糧？」「按貧苦情形，按人口多少分地在理些。」「閨女分地是隨婆家呢？還是隨娘家？」〔註 38〕等等，作者也是採取了把各種觀點都擺出來，讓讀者自己去評論的辦法。

由此可見，作者對法律政策的表現並不是機械的，而是夾雜了自己結合實際工作對法律政策的思考。

五

總而言之，從作品內容方面看，小說對法律條文的表現方式分爲兩種類

〔註 36〕馬烽：《村仇》，《人民文學》1949 年創刊號。
〔註 37〕馬烽：《村仇》，《人民文學》1949 年創刊號。
〔註 38〕李伯劍：《樺樹溝》，《説説唱唱》1952 年第 26 期。

型，且在表現過程中充滿了對土地法的思考；從創作過程看，作者普遍堅持以自身親歷的事件爲作品的基礎和主要材料，同時，爲了正確反映土地改革而不斷考慮法律政策要求。由此可見，對 「土改小說」以簡單的「圖解政策」來蓋棺定論顯得十分膚淺，因爲作家是眞的把自己作爲「齒輪和螺絲釘」〔註 39〕，爲「整個革命機器」的正常運作服務，「土改小說」背後隱藏著強烈的政治意圖。

〔註 39〕列寧：《黨的組織和黨的出版物》，載《列寧全集（第 12 卷）》，人民出版社 1987 年版，頁 93。

試論國統區抗戰小說創作的有效性及其影響限度——以《華威先生》、《在其香居茶館裏》爲中心

布小繼*

1937 年開始的全民抗戰，在國民黨主導、國共合作的大背景下展開，有著極其深廣的社會文化和政治內涵。國統區作家們對這一重大事件某一側面或層面的共時性描寫，構成了抗戰文學的主體。張天翼的《華威先生》和沙汀的《在其香居茶館裏》都是抗戰小說創作中「暴露型」作品的代表。前者首發於 1938 年 4 月 16 日《文藝陣地》第 1 卷第 1 期上，後收入《速寫三篇》。後者發表於 1940 年十二月一日出版發行的《抗戰文藝》第六卷第四期「魯迅先生逝世四週年紀念特輯」上。二文的共同點在於對抗戰前中期的社會亂象和國民黨底層官僚打著「抗戰」旗幟各牟其利的做法做了窮形盡相的描繪，具有相當的感染力。《華威先生》還引起了「暴露與歌頌」之爭論。本文對以二文爲代表的抗戰小說創作的討論，即是抗戰文學能夠在多大程度上、多大範圍內具備有效性的問題，在當時的體制尤其是法律法規制約下如何抗衡之及其影響限度的問題，還可以對民國文學與法律之間的關係獲得更加深刻的認識。

一

應該看到，抗戰時期的國統區作家們對所處時代的劇烈變化是極其敏感

* 布小繼（1972～），雲南大姚人，文學博士。紅河學院人文學院副教授，主要研究中國現當代作家作品和現代文化。

的。許多作家以飽滿的熱情全身心地投入到了這場反對日本帝國主義侵略的偉大鬥爭中去，作品富有鼓動性和感染力。在多角度、多層面的表現中獲得了藝術的生命力和審美教化的效果。比如在由「中華全國文藝界抗敵協會」主辦、老舍和姚蓬子實際負責的《抗戰文藝》上發表的諸多文學作品，既有對日寇野蠻侵略給中國老百姓帶來的痛苦和爲反抗侵略而付出犧牲的小說敘述，也有作家深入前線對將士們英勇戰鬥保家衛國的努力進行描述的報告文學；既有表現祖國大好河山在敵人蹂躪下苦痛呻吟的憤怒的詩歌，也有借助底層生活日常敘事以刻畫軍民頑強鬥志的散文。再如被聞一多譽爲「時代的鼓手」的田間的即興即景詩及其他街頭詩、活報劇、舞臺劇（話劇），都起到了鼓舞人們鬥志、傳達時政消息、普及戰爭知識、制約監督政府的作用。分期來看，抗戰開始階段，舞臺劇（話劇）、街頭劇等成爲作家們書寫時普遍運用的文學體裁和文學範式，其鼓舞人心、宣傳抗戰之作用不可小覷；在抗戰進入相持階段後，作家們更多地使用小說、報告文學等作爲宣傳工具和手段，具有極大的現實針對性，在對所處環境的考量方面亦有其特別之處。這不僅是小說這一體裁更便於表現人物內心的深層活動，而且還能夠深入持久地作用於時代，比起話劇來其所要表現的內涵自然更爲深遠。同時，也要看到，作家們所做的工作是普及與提高並重的。這些文學作品一方面起到了宣傳、激勵和教化的作用，在非常時期能夠喚醒人們的良知，凝聚民族的向心力、同仇敵愾；另一方面，這些作品在藝術質量上參差不齊，不少作品往往注重了宣傳效果而忽略了審美性，傾向於情緒宣泄和仇恨表達而缺少生活底蘊。比如老舍在《抗戰文藝》創刊號上發表的小說《人同此心》，通過兩個近乎獨立故事的敘述，匯合成從學生、人力車夫到家庭婦女（五十多歲的「好媽媽／郝媽媽」）全民抗戰的主題。其中的一些表述可見出作家急於表達的衝動和未加提純的情感，「愛國不愛國，一半是取決於知識，一半是取決於情感……在爲民族生存而決鬥的時候，我們若是壓制著情緒，我們的知識便成了專爲自私自利的工具……站在鬥爭的外邊我們便失去了民族的同情與共感。去犧牲，絕不僅是做英雄；死是我們每個人該盡的義務，不是什麼特別的光榮。想到生的人說死最容易，決定去犧牲的人知道死的價值……死的價值不因成就的大小，而是由死的意志與原因，去定重輕」。「這不是什麼英雄主義，而是老實的盡國民的責任。英雄主義是乘機彰顯自己，盡責的是同胞們死在一起，埋在一塊，連塊墓碑也沒有。」〔註1〕顯然，在作爲隱含敘述人言難盡意的時候，作家本人無法不跳出來做一通宣泄，儘管這種宣泄非但不能提高作品的品質，反而使其自身的粗糙說教和急功近利暴露無遺。又如艾蕪的《兩個傷兵》，「那傷兵……臉色顯得很和順，態度毫沒一點倨傲的樣子」，又借其口反駁說「熱心愛國才上前線，那他們這些不上前線的，你敢說他們都不熱心愛國麼？我告訴你，我們當兵的，除了熱心愛國，還特別喜歡吃子彈呢！你看，我吃了一頓東洋大菜，於今差不多發胖了。你老弟，要長得快，聽我的話，還是上前線去吧！」「要是日本鬼子不退出我們中國，我們是要永遠同他打下去的，一直打到兒子孫子……」〔註2〕在這裏，作者通過從前線到後方療傷康復後的傷兵之口，闡述了上前線殺敵與愛國二者間的關係，從中透露出了一種看似樂觀主義的情緒，在不以戰爭負傷爲苦、爲恐懼的背後，是強烈的愛國主義、民族主義情緒支配著作家的創作。

但仔細考察，不難發現，前述二文都在不同程度上具有理念大於形象、主題先行和僞浪漫的毛病。試與《華威先生》（以下簡稱《華》）、《在其香居茶館裏》（以下簡稱《在》）對比。《華》中主人公在抗戰救國的名義下，走馬燈似地趕場子開會，在擺足架勢、過足官癮的過程中顯現出其空虛、無聊、尸位素餐的窩囊廢的特徵。《在》的成功之處在於其對鄉紳官員的描寫活靈活現、纖毫畢現地刻畫出了底層官員爲了自身地位和權力勾心鬥角、爾虞我詐的醜惡嘴臉，在愛國的幌子下幹著損人利己、發國難財的勾當，尤其是較量的雙方——治保主任與土豪劣紳，下作無恥顯露無遺。正是這些窮形盡相的摹寫，揭開了中國人抗戰時期後方大小官員日常生活的眞相，其震撼力非同小可。《華》、《在》難能可貴之處還因爲二文在全民抗戰愛國熱情的衝擊下並非一味地對這種熱情進行盲目的肯定性表述，而是各自選擇了一個爲大家熟視卻無情狀／片段即開會、吵架作爲切入點，通過這一橫斷面的展現，獲得了新意——抗戰下的中國絕非鐵板一塊，反倒有著太多的不和諧甚至是阻礙最後勝利到來的因素，如果不能夠克服之、戰勝之，我們民族也許就無力自救。吳組緗在回憶張天翼時曾言，「我還記得 1940 年的《新蜀報》上，發表過一篇《一味頌揚是不夠的》，我是支持天翼的《華威先生》的。我在重慶教書，也拿這個題目到處講。我說我們內部的問題和陰暗面多極了，不揭露不

〔註1〕老舍，《人同此心》，《抗戰文藝》第1卷第1期，1938年5月。
〔註2〕艾蕪，《兩個傷兵》，《文藝戰線》第2卷第1期，1938年10月。

批判，抗日不會勝利。我說，抗戰不是一塊豆腐，一碰就會破了。若那樣，那就太可悲了。至於抗戰內部，不只有華威先生，而且還有黑手，還有更壞的壞蛋，不暴露他們怎麼行啊。」〔註3〕沙汀在回憶自己的抗戰文學創作活動時亦說，「自然，從整個國家民族說，人民所渴望的神聖的戰爭，總算是揭幕了，所以雖然由於社會發展的不平衡，各地有著差異，就在落後的四川，也不能說沒有新的事物產生的。比如一些關於抗戰的條文和命令，一些官家的或民眾的組織。而許多人是頂著新頭銜擾嚷了。但可憐得很，這些新的東西是底面不符的。表面上是爲了抗戰，而在實質上，它們的作用卻不過是一種新的手段，或者是一批批新的供人們你爭我奪的飯碗。所以人們自然也就依然按照各人原有的身分，是在獰笑著，呻吟著，製造著新喜劇……既然如此，那麼我將一切我所看見的新的和舊的痼疾，阻礙改革的不良現象指明出來，以期喚醒大家的注意，來一個清潔運動，在整個抗戰文藝運動中，乃是一樁必要的事了。隱瞞和粉飾固然也是一種辦法，可以讓熱情家順順當當高興一通，但在結果上，卻會引來更壞的收場。」〔註4〕作者接下來回憶了寫作《防空——在「堪察加」的一角》系列短篇小說的具體經過。其中有「不能抑制的顯然的憤怒」，但當他在晉西北寫作《聯保主任的消遣》時，「已能控制著自己的感情，使我自己復歸於冷靜了。」所謂「愛之深，恨之切」，負面現象的表現所帶來的反應委實驚人。《華》發表後引發的「暴露與歌頌」的大討論，延續了兩年半、規模大、地區廣、各方參與討論的人數眾多。茅盾的《論加強批評工作》、《八月的感想》、《暴露與諷刺》諸文，對抗戰文藝書寫的對象、目的、藝術手段和作家責任感進行了較爲深入的闡述。並認爲，「文藝的教育作用不僅在於示人以何者有前途，也須指出何者沒有前途；而且在現實中，那些沒有前途的，倘非加以打擊，它不會自己消滅，既有醜惡存在，便不會沒有鬥爭，文藝應當反映這些鬥爭又從而推進實際的鬥爭。我們不能作『信天翁』」。〔註5〕茅盾批評的著眼點是抗戰文藝對現實生活的反映問題，從社會歷史的角度指出抗戰小說創作對社會進步、時代進步和革命勝利可能具有的功用。這與李育中、克非等人的出發點並無二致，即大家是在服從於抗戰大

〔註3〕吳福輝，《吳組緗談張天翼》，《新文學史料》，1981年第2期。

〔註4〕沙汀，《近三年來我的創作活動》，《抗戰文藝》第7卷第1期，1941年1月。

〔註5〕茅盾，《八月的感想——抗戰文藝一年的回顧》，《文藝陣地》第1卷第9期，1938年8月。

局的前提下，在抗戰文學如何書寫、書寫什麼有利於抗戰上產生分歧的。從大處說，這種分歧與各自的政治立場——進步（民主）或反動（維護當局者利益）直接相關，不是在創作技巧上有多少要求，而是在處理／表現內部矛盾時持何種立場。這種立場上的差異和分野又與政府的法規制度的約束發生了聯繫。

二

抗戰爆發後，國民政府延續慣例，在加強文化思想鉗制和書刊雜誌管理方面動作頻頻，分列如下：

1938 年 7 月，國民黨第五屆中央常務委員會第 86 次會議通過了《修正抗戰期間圖書雜誌審查標準》和《戰時圖書雜誌原稿審查辦法》，其目的是要「適應戰時需要，齊一國民思想」，籌備成立了中央圖書雜誌審查委員會作爲全國最高圖書雜誌審查機關，由中宣部、社會部、內政部、教育部、政治部等各派一人組成，並由中宣部副部長潘公展兼任該會主任委員於同年 10 月開始工作。其後在戰時文化重鎮武漢、重慶、桂林、雲南等多地設立圖書雜誌審查分處，要求各縣把圖書雜誌審查工作，作爲各縣黨部中心工作之一。

1939 年 2 月，國民黨中常委會議通過了《修正印刷所承印未送審圖書雜誌、原稿取締辦法草案》及《修正檢查書店發售違禁出版品辦法草案》。3 月，中央圖書雜誌審查委員會密訂《圖書雜誌原稿審查綱要》87 條。5 月，國民黨中常委會議修正通過《圖書雜誌查禁解禁暫行辦法》。

1939 年 3 月國民黨當局公佈了《國民精神總動員綱領及實施辦法》，竭力宣揚「一個黨，一個領袖，一個主義，一個政府」的政綱，妄圖控制抗戰文藝的發展方向。1939 年 12 月 4 日蔣介石又親自發起了「復興文化運動」，成立「民族文化書院」。

1941 年，國民政府公佈《雜誌送審須知》。

1942 年 4 月，國民政府制定《統一書刊審檢法》、《雜誌送審須知》。5 月，公佈《書店印刷廠管理規則》。

1943 年，公佈《新聞記者法》、《圖書印刷店管理規則》及《通訊社報社管理暫行辦法》。

1944 年 6 月，頒布《戰時出版品審查辦法及禁載標準》及《修正圖書雜誌劇本送審須知》。其中規定，「各雜誌免登稿件，不能在出版時仍保留題名，並不能在編輯後記和編輯者言中加以任何解釋與說明其刪改之處，不能注明上略、中略、下略等字樣或其他任何足以表示已被刪改之符號。」〔註6〕

可見，國民政府試圖從源頭上、從流通渠道上對文藝思想進行管制，把凡是被認定爲不合乎或者不利於抗戰的言論扼殺，在嚴密的控制和監管中達到一體化、唯領袖馬首是瞻的目的。而且隨著戰場形勢的轉化，政府的目光越發聚焦於國內，把爭奪、控制文化思想作爲重要工作來抓。先後解散了由郭沫若任主要負責人而聚集了一大批進步人士專門負責抗戰宣傳工作的第三廳及文化工作委員會即爲一例。在這種嚴密的監管下，抗戰小說創作的有效性到底如何呢？

首先，抗戰文學從一開始就存在著領導權的爭奪問題。這在國民政府當局方面有著不同於第一次國內革命戰爭時期的自覺性和主動性，其通過法律法規有意識地步步強化文藝政策上的領導權即爲明證。在全民抗戰的形勢下和「抗戰建國」〔註7〕口號下聚攏的文藝家在文學書寫中的顧慮隨著系列法律法規政策的出臺和當局文藝控制手段的強化而不斷加深。許多意識形態明顯，比如「左傾」的作品很難在抗戰中後期的國統區發表或出版。也就是說，在國民政府的控制下，抗戰小說創作從一開始就要求作品必須合乎某種套路或理念——或者是愛國抗日，或者是擁護政府。並且還有借助行政力量推行的系統文藝政策與前述法律法規相配合，1942 年 9 月張道藩在《文化先鋒》上發表的《我們需要的文藝政策》提出了「六不」「五要」〔註 8〕的主張，可以看做是國民政府用來作爲意識形態控制權爭奪的完整論述。

其次，抗戰小說創作面臨著的多重矛盾。作家生活環境的意識形態化和所持政治理念之間的矛盾。在現代中國文學史上，真正的純文學書寫幾乎是

〔註 6〕參見吳永貴，《民國出版史》，福建人民出版社 2011 年版，頁 424～425。

〔註 7〕1938 年 3 月國民黨在武漢召開國民黨臨時全國代表大會，通過了《中國國民黨抗戰建國綱領》，計七項三十二條。以此作爲統一全黨、全國思想和爭取抗戰早日勝利的法規性文件。

〔註 8〕參見張強，《國民黨抗戰時期的文藝政策》，《民國檔案》1991 年第 2 期。該論述以「一個黨，一個領袖，一個主義」爲文藝創作的根本內容；「六不」是：「（一）不專寫社會黑暗，（二）不挑撥階級仇恨，（三）不帶悲觀的色彩，（四）不表現浪漫的情調，（五）不寫無意義的作品，（六）不表現不正確的意識」。「五要」是：「（一）要創造我們的民族文藝，（二）要爲最苦痛的平民而寫作，（三）要以民族的立場而寫作，（四）要從理智裏產生作品，（五）要用現實的形式。」

不存在的，作家要寫作就無法擺脫意識形態的干擾。抗戰伊始，文化控制較爲鬆懈，意識形態爭奪並非焦點，作家自由言說的機會比較多，進入相持階段後，官方政策收緊，許多刊物和出版物受到打壓，就連《抗戰文藝》在 1941 年也僅僅出了兩期。當然，如果注意到此前作家政治派別的壁壘森嚴，那麼可以發現，即便是抗戰旗幟下作家們的團結也是有限的，政治理念的分歧越發弱化了這種有限的團結，作家之間的對抗也會通過依附於政黨的形式來表達。文學書寫的著眼點和側重面必然會以權力鬥爭爲中心。因而，無論是歌頌還是暴露都面臨著被另一陣營指責的可能。而在政治上處於弱勢的左翼作家通過對群眾文藝的發動反而獲得了主動權，但其脆弱性又是毋庸置疑的，即一系列書報檢查制度的打壓會使其表達的機會喪失。暫時性的獲勝，意識形態化也必然地削弱了作品的文學性，而嚴酷的黨派鬥爭加劇了左翼／進步作家對所持政治立場和政治理念的表述困難。就右翼作家而言，通過作品爲政府張目的努力因爲政府本身的公信力逐漸喪失而收效甚微。在多數自由主義作家拋棄了政府後，抗戰小說創作較之於作家初衷的背離態勢更趨明顯。

文學工具化與文學審美性之間的矛盾。這一矛盾二十年代在具有黨派或黨性身份的作家身上已經很突出，魯迅針對這一現象曾說過，「但我以爲一切文藝固是宣傳，而一切宣傳卻並非全是文藝，這正如一切花皆有色（我將白也算作色），而凡顏色並非都是花一樣」。〔註 9〕到了抗戰救亡時期，文學工具化的具體表現就是宣傳的作用更被重視、目標更加明確、理據更爲充分，因而功利化越發明顯。其後果也顯而易見，即要創作出能夠被識字程度不高的民眾認可的作品，就只有犧牲文學的審美性；要儘快地發揮好抗日宣傳鼓動的作用，就只有扯下文學自身高雅的面紗，在充沛的激情衝動和良知的感召下獲得創作能量的釋放。而中國傳統士大夫「國家興亡，匹夫有責」式的責任感和使命意識又加劇了這一矛盾。循此，可以解釋爲何整個抗戰文學史缺少大氣厚重、史詩般的作品，如肖洛霍夫《靜靜的頓河》一類，而更多的是愛國熱情泛濫的即興之作，對戰地進行實時報導的「客觀」之作，對入侵者罪行進行揭露的抒憤之作。在迎合鬥爭形勢與彰顯文學個性之間，很多作家毫不猶疑地選擇了前者。夏衍認爲，「搞戰以來，『文藝』的定義和觀感都改變了，文藝不再是少數人和文化人自賞的東西，而變成了組織和教育大眾的

〔註 9〕魯迅，《魯迅全集》（第四卷），人民文學出版社 2005 年版，頁 85。

工具。同意這新的定義的人正在有效地發揚這工具的功能，不同意這定義的『藝術至上主義者』在大眾的眼中也判定了是漢奸的一種了。」〔註10〕梁實秋的「與抗戰無關論」、沈從文的「反對作家從政論」和施蟄存的「抗戰文學貧困論」之所以先後受到以左翼作家為主體的文化群體廣泛的批判，成為當時重要的文化思想論爭事件，〔註11〕也正是「文學工具論」持續發酵的結果。《華威先生》、《在其香居茶館裏》等暴露型作品的問世是作家在某種程度上堅持文學理想、自守文學品格又處於政府監管縫隙的結果。

在抗戰救亡的文學主題下，抗戰小說創作還面臨著一個更深層次的問題，即在相關法律法規的嚴苛限制下，要想獲得表現的深度和生命力，無異於帶著沉重的鐐銬跳舞，其效果是即時性的、短暫的。那些堅持自己美學原則和美學理想的國統區作家既無法保證作品的純度，也無法不扭曲或放棄自己熱情背後的冷思考去迎合檢查者、讀者和書商。這種文學品質的犧牲是在「神聖」和「愛國」的名義下發生和進行的，故而也是書寫者最為狼狽和尷尬的所在。譬如老舍的《四世同堂》，就有「半部好作品」之說，除了不熟悉其中一部分人的生活如漢奸、抗日份子等之外，恐怕也有前述原因。

再次，國統區抗戰小說創作的有效性。從作家、作品等生產層面來看，作家的創作動機、創作心態和創作素材的可控性（對愛國熱情的過度依賴而致理性的明顯不足、敵我思維模式的干擾和普遍的缺少實際生活經驗而致的虛假描述），異質性（不同流派、不同風格、不同陣營和不同意識形態的作家，在抗戰對文學的介入方面表現出的不同程度的功利性，使得作品本身的文學性大打折扣而形成了非文學的異質性）及分裂性（作家生活體驗與生活表現之間的巨大裂縫，微觀表達的過分注重與宏觀視野、第一手統籌性資料的缺乏）導致了抗戰小說作品不可能有史詩般的巨著出現。從流通過程來說，不斷嚴密的圖書報刊檢查法令對作家的書寫和創作環境形成了事實上的威脅，一部忠實於作家良心、合乎文學審美特質和讀者需求的上乘作品，極可能被勒令修改而面目全非，抑或根本無法問世。進一層看，這種法令的存在，會對作家的創作構成普遍性的困境，成為作家創作時的又一條鎖鏈。如果再加

〔註10〕郭沫若、夏衍等九人：《抗戰以來文藝的展望》（筆談），《自由中國》第1卷第2號，1938年5月。

〔註11〕此說參見張俊才，《中國現代文學主潮論》，人民文學出版社2007年版，頁177～178。

上書商／出版商／發行商對市場前景等利潤方面的考量，流通環節對抗戰小說創作的掣肘亦不爲少。從接受方面來看，抗戰小說作品的宣傳鼓動性反而無法與那些文學性很弱的街頭詩、活報劇甚至是演講等抗衡。在曠日持久的戰爭及其陰影下，城市平民階層的「小市民化」決定了其愛國熱情的被消耗，轉而注意消遣性強、娛樂性強的文學作品；廣大農村由於識字率太低等原因，抗戰小說作品更是很難發揮其教育、感化、認知等諸種效用。質而言之，抗戰小說創作在上述諸方面的共同作用下，其有效性不斷與時衰減。

三

在討論抗戰小說時，不應忽視其影響的問題。畢竟，抗戰小說創作從一開始就存有啓蒙與救亡並重的雙重目的，而且作家是自覺自願地參與的。這一方面說明作家創作時不僅要以筆爲武器喚起民眾進行反侵略的鬥爭，另一方面也說明作家創作時國民意識的強化，並把這種意識貫注到了作品當中。如路翎小說《要塞退出之後》中沈三寶在面對敵人時的表現，就體現了這一點。

評估抗戰小說創作的影響限度，可從以下幾個方面來看：

第一、抗戰作爲文學的表現對象，受到了作家愛國熱情、意識形態、黨派性的支配，其文學理想和風格被暫時性地淹沒，國統區作家的抗戰小說創作受到的限制越來越多，在日漸嚴苛的法律條令的約束下，作家創作的欲望與熱情受到阻隔。正如茅盾所言，「我每每覺得同一作者的作品如果取材於戰前的生活，往往要比他取材於戰時者較爲舒展自如，起伏中度，比較的尚能暢所欲言，可能企圖反映抗戰現實的作品就不免有點兒躲閃含糊，有時若餘意未盡，實則格格不吐。爲什麼會如此呢？爲什麼一則下筆時心情輕鬆，精神解放，而一則如荷重負，跋涉崎嶇，雖力竭聲嘶，而百不自在，一無是處？……其直接的原因，不能不說是外來的束縛。抗戰時期，忌諱特多，暴露黑暗在所不許自不待言，而贊頌光明亦因時因地因事而相應免登。加之審查標準之所謂四大原則，實太籠統而抽象，作家們每苦於無從捉摸。在如此嚴厲的桎梏之下，作家們倘必要本良心之所安，爲了抗戰的利益而表現抗戰的現實，勢必感覺得無一事得免於觸犯忌諱，而又不願擱筆，或不能擱筆，寫起來以後又不得不謀發表，於是下筆之頃，不得不小心檢點，結果只落得手足如縛，意興索然了。如果寫的是短篇，則此種窘狀或尚可掩飾；如果是長篇，那就無論如何不能不流於筆墨之間……可是我們這裏今天的索然無活力的作品恐怕大半還是由於外界的桎梏緊壓了作家使他不得不抑制熱情，痛快寫作之故。」〔註 12〕茅盾之論述是立足於抗戰文藝中優秀長篇太少這一現狀而做出的分析，切中了彼時的創作現實。許多小說缺乏影響力，無法走遠，也就是情理之中的事了。

第二、民族意識張揚語境中個體性的缺失。梁啓超在談到小說之功用時，曾云，「抑小說之支配人道也，復有四種力：一曰熏……人之讀小說也，不知不覺之間，而眼識爲之迷漾，而腦筋爲之搖揚，而神經爲之營注；今日變一二焉，明日變一二焉，剎那剎那，相斷相續；久之而此小說之境界，遂入其靈臺而居之，成爲一特別之原質之種子。有此種子故，他日又更有所觸所受者，旦旦而熏之，種子愈盛，而又以之熏他人，故此種子逐可以遍世界。一切器世間有情世間之所以成所以住，皆此爲因緣也。而小說則巍巍焉具此威德以操縱眾生者也。」〔註 13〕梁啓超論及了小說對世道民心的薰染功能，認爲其足以「操縱眾生」，但前提應是讀者具有被「熏」、願「熏」的可能。小說對讀者的影響不可能是單向度的，只有那些依據現實體驗、寫出了人心、人性的深刻之處的作品才會獲得讀者的好評，反過來，這種好評也會影響作家、鼓舞作家創作出更佳的作品。抗戰小說就其總體而言，宣揚了民族意識，凝聚了民族力量，鍛造了民族心理，在爲中華民族共同體的打造方面無疑起了極其重要的作用。但同時也要看到，這類小說由於忽略個體性的張揚，與「五四」以來所形成的個人主義、人道主義的文學傳統是相悖的。儘管也可如有的論者所說的那樣去理解，「文學是時代的產物，體現群體意志，弘揚民族精神，恰恰形成了抗戰時期這一特定歷史形態文學的特色。」〔註 14〕但更應該反思的卻是，小說創作是作家個體獨立行爲，當他／她被裹挾進潮流中，服從於某種理念而在不自由、被動的狀態下進行創作時，其創作的個體性又如何得以保證和體現呢？小說作品的獨特性即風格的喪失也是某種程度上的「失語」——不能表達獨特的感悟、不能對現實環境作出獨到的解讀，只會在非文學的軌道上越走越遠。建國後的文學生態也很好地詮釋了這一點。擴展開看，張揚民族集體意識的作品在所處的特定時期會對民眾／接受者產生

〔註 12〕茅盾，《對於文壇的一種風氣的看法——談長篇小說需要之多及其寫作》，《青年文藝》新 1 卷第 6 期，1945 年 2 月。

〔註 13〕飲冰，《論小說與群治之關係》，《新小說》第一號，1902 年。

〔註 14〕盧洪濤，《中國現代文學思潮史論》，中國社會科學出版社 2005 年版，頁 243。

影響，但由於其內在的、難以克服的宣傳性大於文學審美性、教育認知性大於感染性、思想性大於藝術性的弊病，故而，這類作品易隨時光的流逝而湮沒無聞，後代讀者也會因爲事過境遷、情感隔膜而疏遠之。唯有像《華威先生》、《在其香居茶館裏》這種視角獨特、內蘊豐富、啓示性強並帶有作家思考烙印的作品才會擁有持久的生命力。

第三、《華威先生》、《在其香居茶館裏》的影響限度。應當說，二文的取勝主要在於其諷刺手法運用的嫻熟和直面社會陰暗面的勇氣，在歌頌聲一片的時代，具有了別開生面的藝術效果。試與同樣引起了較大反響的作品，「戰國策派」代表之一陳銓的四幕劇《野玫瑰》比較。後者通過敘述一個外號「野玫瑰」女特工歷經波折成功刺殺漢奸的故事在大後方的桂林、昆明、重慶等大城市公演時獲得了極大的成功。「該劇在藝術上吸收了西方結構劇的方法，劇情發展引人入勝，人物關係的描繪富有傳奇色彩和浪漫情調，語言也比較清新、流暢。所以它的演出曾吸引了不少觀眾。」〔註 15〕該劇宣揚的是民族意識，屬於抗戰劇，甚至還因此獲得國民政府的表彰。但在公演不久圍繞其主人公的刻畫和創作主旨產生了極大的分歧，不少論者認爲其有爲政府和獨裁統治者歌功頌德之嫌疑。不過，值得注意的是，該劇儘管理念先行即宣揚尼采「超人哲學」，但其對人物的表現確實是到位的，也有其特點。這與前述二文的成功之處是相通的。換句話說，抗戰小說創作中突破公式化、臉譜化和程序化的作品，依然是有極大可能被歡迎和廣泛接受的，唯有那些在創作中保持著清醒，在藝術上敢於嘗試和創新，努力踐行自己創作理想和美學觀念的作家，才可能在作品中做到這一點。

故此，筆者認爲，國統區抗戰小說創作的有效性緣於作家、政府法令條文嚴密規整制約下的流通渠道和接受者三方的互動程度。從這個意義上看，包含政府法令條文在內的國統區抗戰現實語境的規約性大大弱化和困擾了作家對個體性的闡揚和發揮，進而訓化了不少本應有更大作爲的作家，限制了他們的想像空間和文本生產，在本應該有史詩般厚重大氣作品問世的偉大時代反而處於「失語」狀態，創作重心漂移，作品整體質量下滑，而缺少堅守的美學品位越發限制了影響限度的拓展可能，因而也無法與二十年代魯迅、郁達夫等人的作品相提並論。

〔註 15〕陳白塵、董健主編，《中國現代戲劇史稿》，中國戲劇出版社 1989 年版，頁 610。

虛構：通向正義之路
——以《原野》的法律問題爲例

胡昌平*

法律與文學密切相關，它不僅是制約、規範文學的一種外部力量，也經常成爲文學表現的對象和主題。波斯納認爲：「法律作爲文學的主題無所不在。」〔註1〕齊奧科斯基也指出：「世界文學寶庫中的諸多名著，都反映了法律的變遷。」〔註2〕法律在社會生活中處於中心位置，因此，文學必然涉及法律問題。在中國現代文學中，從思想啓蒙到民族救亡、從家庭婚戀到民主革命、從城市知識分子到鄉村農民階級、從現實到歷史……幾乎所有題材都涉及到法律。儘管如此，作家的關注重點卻不在法律，而在於通過對法律的表現或反映來追求正義。那麼，對正義的追求在現代文學中是如何體現的呢？現代文學與民國法律在追求正義之時是否相向而行的呢？本文將通過分析曹禺戲劇《原野》中的法律問題的來試圖回答這些問題。

一、正義：法律與文學的共同追求

法律與文學運動興起於二十世紀後半葉的美國，其研究的對象主要包括四個方面：一是作爲文學的法律，二是文學中的法律，三是有關文學的法律，四是通過文學的法律。〔註3〕這四個方面又可以簡括爲兩個方面，就如齊奧科

* 胡昌平（1972～），四川德陽人，文學博士，現爲新疆塔里木大學人文學院副教授。

〔註1〕美波斯納：《法律與文學》，李國慶譯，北京：中國政法大學出版社，2002年，頁4。

〔註2〕美齊奧科斯基：《正義之鏡：法律危機的文學省思》，李晟譯，北京：北京大學出版社，2011年，頁2。

〔註3〕蘇力：《法律與文學：以中國傳統戲劇爲材料》，北京：三聯書店，2006年，

斯基所指出的那樣：「評論家們從法律的立場出發研究文學，他們研究的對象主要包括文學中的法律（文學作品中對法律、法律人與法律程序的描述）與作爲文學的法律（法律文本的修辭術以及法律含義的解釋學）。」〔註 4〕法律與文學運動作爲一種理論和方法，在進入中國時發生了明顯的變化。由於中國的文學傳統與法律傳統跟美國的有著巨大的差異，所以，「美國的法律與文學運動的雙股劍還沒出手，『作爲文學的法律』這一柄就在中國卷了口，剩下的一柄是『文學中的法律』。」〔註 5〕「卷口」並不一定是壞事，因爲對西方理論和方法的引入不應生搬硬套和簡單移植，而必須充分考慮中國的具體情況，只有這樣，才能有效地分析和解決中國的問題。

從法律的角度研究文學，可以探討有關著作權、誹謗、宣傳、出版和禁止淫穢作品的法律規定對文學的制約和規範，以研究文學的生成與生產及文學制度的形成與運作，這是文學外部環境研究的一個重要方面。法律與文學運動在中國則主要研究「文學中的法律」，這對文學研究與法律研究都具有重要的意義，但必須找到研究的契合點。如果僅僅因爲法律在社會生活中占據中心位置而在文學中亦處於重要位置，就以爲可以從法律的角度來研究文學或從文學的角度研究法律，這顯然是不夠的。文學對人類社會生活的反映或表現是整體性的，法律只是其中的一部分。法律與文學互爲視角互爲研究對象的契合點之一就在於兩者有著一種共同的追求——正義。文學作爲一種藝術，對美的創造是其本質屬性，正義則在美的範疇之內。法律的實踐表明，「在所有的案例中最大的共性不是法律，而是正義感。」〔註 6〕追求正義應是文學與法律的共同之處，然而兩者又各不相同：文學既著眼於整體，更著眼於個體，尤其是對弱者關注更多，它所追求的正義帶有理想色彩；而法律往往強調的是法律的公正，對秩序關注得更多，它所追求的正義帶有理性色彩。文學充滿了想像和複雜的情感；而法律往往由枯燥的條文和呆板的程序構成。有著一種共同的追求而又相差較大，這使得法律與文學具有了互補的可能，

頁 9。

〔註 4〕美齊奧科斯基：《正義之鏡：法律危機的文學省思》，李晟譯，北京：北京大學出版社，2011 年，頁 4。

〔註 5〕蘇力：《法律與文學：以中國傳統戲劇爲材料》，北京：三聯書店，2006 年，頁 25。

〔註 6〕美齊奧科斯基：《正義之鏡：法律危機的文學省思》，李晟譯，北京：北京大學出版社，2011 年，頁 158。

也爲兩者互爲視角互爲研究對象提供了條件。

文學對正義的追求表現爲一種價值判斷，法律對正義的追求表現爲審判，二者各有長短，如果只有其中一種，通向正義的道路都會變得崎嶇泥濘。文學的價值判斷應有法律作爲補充，否則，它將可能成爲擱淺在彼岸海灘上的船舶而無法載上人類駛向正義。馬莎・努斯鮑姆認爲：「如果沒有其它純粹的制度約束和法律德性的約束，文學裁判顯然可能是有害的」〔註 7〕。因此，文學對正義的追求還「需要許多非文學性的工具：技術性的法律知識，歷史知識和先例知識，對於恰當的法律公正的仔細關注。」〔註 8〕同樣，法律的審判也必須要有文學作爲補充，否則，「法之極，惡之極」必然會是一種現實的存在，它將在追求正義的道路上走向不公正。因此，法律的公正，要有文學的想像能力、包容能力與同情之心。從事法律職業的人「不僅僅必須培養技術能力，而且也應該培養包容人性的能力。如果缺少這種能力，他們的公正就將是遲鈍的，他們的正義就將是盲目的。如果缺少了這種能力，這種試圖通過他們的正義／司法來發出的『長期以來喑啞的』聲音就將仍然保持沉默，而民主裁判的『朝陽』將仍然被遮蔽。缺少了這種能力，『歷代囚犯和奴隸的聲音』將仍然痛苦地徘徊在我們周圍，而且將更加缺少自由的希望。」〔註 9〕文學不僅追求正義，也追求自由，而法律在追求公正與秩序時則可能限制自由；反之，法律在限制自由時可能保障最大的自由，而文學在追求自由時則可能妨礙自由。在追求正義這一目標上，文學與法律應是一致的，但它們卻可能各執一端而偏離目標。爲避免這種情況的長期存在，法律與文學運動似乎就成爲必然。

有了追求正義這一契合點，是否就能以法律與文學運動的理論與方法來研究所有的中國文學作品呢？答案顯然是否定的，雖然所有的文學作品都可能受到法律的制約和規範，但並非所有的文學作品都涉及法律。蘇力指出：「中國的法律與文學必須主要依據中國的敘事文學。」〔註 10〕這裏的「敘事文學」實際

〔註 7〕美馬莎・努斯鮑姆：《詩性正義——文學想像與公共生活》，丁曉東譯，北京：北京大學出版社，2010 年，頁 167。

〔註 8〕美馬莎・努斯鮑姆：《詩性正義——文學想像與公共生活》，丁曉東譯，北京：北京大學出版社，2010 年，頁 171。

〔註 9〕美馬莎・努斯鮑姆：《詩性正義——文學想像與公共生活》，丁曉東譯，北京：北京大學出版社，2010 年，頁 171。

〔註10〕蘇力：《法律與文學：以中國傳統戲劇爲材料》，北京：三聯書店，2006 年，

上包含了戲劇，據此，本文選擇了曹禺的戲劇《原野》作爲分析的案例。《原野》敘述了民國初年軍閥混戰時期的一個復仇故事：八年前，焦閻王爲了霸占好友仇榮的田產而串通土匪將其活埋，並誣告仇榮的兒子仇虎是土匪將其關進監獄，又將仇榮的女兒仇姑娘賣到妓院而屈死，後來又強娶仇虎的未婚妻花金子爲自己的兒媳婦。八年後，仇虎越獄復仇，在焦閻王已死的情況下殘忍地殺死了兒時好友、焦閻王的兒子焦大星，並借焦母之手殺死了焦大星的兒子小黑子。復仇之後，仇虎在逃亡中產生許多幻覺，精神錯亂，最後自殺。《原野》敘述的是關於犯罪、復仇與審判的故事，涉及到許多法律問題並表現了追求正義的主題，可以將它當作一個典型的法律案例來看待。

二、《原野》：作爲法律案例的文學文本

作爲戲劇演出的《原野》因不符合中國觀眾的欣賞習慣而票房不多，但作爲一個法律案例的文學文本，它卻吸引著讀者和批評家，其中一個主要原因就是它充滿了犯罪想像。波斯納認爲「文學中有著豐富的犯罪幻想：這是其吸引力的一個重要部分。」〔註 11〕《原野》裏有關犯罪的敘述主要有兩大部分：一是焦閻王的犯罪，二是仇虎的犯罪。犯罪是《原野》中法律表現的第一個層面，犯罪之後的審判是第二個層面，既是審判也是犯罪的仇虎的復仇則是第三個層面，這三個層面包含著諸多法律問題。

先看第一個層面。焦閻王與仇榮本來是好朋友，仇虎還拜焦閻王和焦母爲乾爹乾媽，兩家的經濟條件和社會地位也基本相當。後來，焦閻王當了軍閥部隊的連長，爲了霸占仇家的一大片好田地，他先與土匪洪老串通綁架了仇榮並撕票將其活埋，並勾結貪官污吏誣告仇虎爲土匪而將其關進監獄，又將仇姑娘賣到妓院而屈死。這樣，焦閻王就完全地佔有了仇家的財產。焦閻王在霸占仇家財產的過程中觸犯了法律，有諸多罪行，對此，我們可以依據民國初年的法律加以裁定。中華民國成立之後，立法活動幾乎一直沒斷，但「自 1912 年至 1928 年，正式生效的刑事基本法仍是由《大清新刑律》易名而來的《中華民國暫行新刑律》。」〔註 12〕《大清新刑律》有總則十七章和分

頁 25。

〔註 11〕美波斯納：《法律與文學》，李國慶譯，北京：中國政法大學出版社，2002 年，頁 439。

〔註 12〕朱勇：《中國法制通史》第 9 卷《清末・中華民國》，北京：法律出版社，1999 年，頁 497。

則三十六章，並附暫行章程五條。其中，分則規定了具體犯罪及處罰方法，並對其先後次序進行了說明：「此例直指各種罪名而列舉之，惟其次序，仍以直接有害國家存立之條件者，君於首項（第一至八章），其害社會而間接以害國家次之（第九至二十五章），其害個人而間接害及國家社會者又次之（第二十六至三十六章）。是蓋按各罪配列之次序而斟酌以定之。」〔註13〕根據《中華民國暫行新刑律》（《大清新刑律》），焦閻王的罪名至少有如下幾項：第二章內亂之罪（通匪），第十二章偽證及誣告之罪（誣告仇虎為土匪），第二十六章殺傷之罪（共犯，與洪老合謀活埋仇榮），第三十三章詐欺取財之罪與第三十四章侵佔之罪（霸占仇榮家產）。儘管焦閻王有許多罪名，但他依仗手中的權力（軍閥部隊的連長）勾結貪官污吏逃脫了法律的制裁，並將其中的一些罪名轉嫁給了仇虎。這才導致了後來仇虎的復仇與犯罪。

仇虎在監獄中服刑時被打斷了腿，他拖著斷腿成功越獄。當他回到家鄉時得知焦閻王已經死去而沒了復仇對象，卻根據「父債子還」、「父仇子報」的原則實施了殘酷的復仇。仇虎和與自己定了娃娃親後成為焦大星的妻子花金子通姦，欲以此激怒焦大星拼命以便乘機將其殺死。焦大星善良、懦弱，沒有拼命，仇虎卻仍然乘其熟睡之際將其殘酷地殺死。仇虎又利用「調包記」借焦母之手殺死了還在襁褓之中的焦大星的兒子小黑子。根據《中華民國暫行新刑律》（《大清新刑律》），仇虎在復仇過程中至少有如下罪名：第十章違捕監禁者脫逃之罪（越獄），第二十三章奸非及重婚之罪（與花金子通姦），第二十六章殺傷之罪。如果依據民國《六法全書・刑法》，仇虎有如下罪名：第八章脫逃罪，第十六章妨害婚姻及家庭罪和第二十一章殺人罪。〔註14〕花金子在仇虎復仇犯罪的過程中是共犯，依據《中華民國暫行新刑律》（《大清新刑律》），她有如下罪名：第十一章藏匿罪人及湮滅證據之罪（窩藏逃犯仇虎不報），第二十三章奸非及重婚之罪（與仇虎通姦）和第二十六章殺傷之罪（奪取焦大星匕首給仇虎、將小黑子抱至客房導致焦母誤殺）。如果依據民國《六法全書．刑法》，花金子則有如下罪名：第九章藏匿犯人及湮滅證據罪，第十六章妨害婚姻及家庭罪，第二十一章殺人罪第二百八十九條同謀殺直系尊親屬。

《中華民國暫行新刑律》和《六法全書・刑法》對一切犯罪行為都規定

〔註13〕魏國庫：《中國歷代刑法淺談》，南昌：江西人民出版社，1985年，頁306。
〔註14〕郭衛輯校：《六法全書》，上海：會文堂新記書局，1932年。

了相應的懲罰，它們追求的是秩序與正義。焦閻王和仇虎都應受到法律的審判和懲罰，但他們都逃脫了，前者自然死亡，後者自殺。《原野》充滿了犯罪的想像，但劇本並不只是以敘述犯罪來吸引讀者和觀眾，它還通過對犯罪的審判來表達追求正義的主題。接下來，我們來看《原野》中法律表現的第二個層面，即審判。表面上，《原野》中對犯罪缺少法庭審判，但它有著幾個審判的場面：現實中焦母對仇虎的審判、幻相中獄警對仇虎的審判及閻羅殿的審判，這些是對法庭審判的補充或象徵。此外，劇中反覆出現的《妓女告狀》的唱詞使整部《原野》都籠罩在審判之中。

仇虎殺害焦大星並借焦母之手殺死小黑子之後，焦母說「你的心太狠了，虎子，天不容你呀！我們焦家是對不起你，可是你這一招可報得太損德了。……虎子，我會跟著你的，你到哪兒，我會跟你到哪兒的。」〔註 15〕果然，仇虎暗夜裏在原野的樹林裏逃亡，始終走不出去，瞎眼的焦母呼喚小黑子的聲音卻始終縈繞在他的耳畔。這是焦母對仇虎的審判，她以獨特的審判方式要爲善良的兒子和無辜的孫子討回公道。焦母最初欲依靠法律來保護一家人，故暗地裏向偵緝隊報告了逃犯仇虎的行蹤，然而，法律未能實施保護，也沒能將罪犯繩之以法。焦母對仇虎的追審，體現出了民國法律在追求公道、正義時的無能，正義只是法律條文，只是紙上的正義。

《原野》第三幕第三景，仇虎產生的幻相是對其脫逃罪的審判。仇虎看見了曾與自己一起服刑的囚犯，他的越獄遭其他囚犯告發，又被獄警抓回重新戴上腳銬。這一審判本是不公正的，因爲仇虎是被誣入獄，但他不僅越獄還犯有殺人等罪行，必須受到法律的審判。在這裏，法律的矛盾顯露出來：它既是權威的、正義的，又是不公正的。這不僅在民國法律中如此，在其他時代的法律同樣具有類似的矛盾性。

閻羅殿的審判或者說陰審出現在《原野》的第三幕第四景，這是全劇所有審判最具法庭性質的。閻王、判官、牛頭、馬面、小鬼組成了審判隊伍，仇榮、仇姑娘、仇虎、焦閻王等皆出庭或起訴或受審。仇家三人都向閻羅稟明了他們的冤仇，仇虎更是據理力爭起訴焦閻王（焦連長），請求閻王將其判罪。然而作爲被告的焦閻王（焦連長）卻輕易地爲自己洗清了罪名。閻王最後的判決是仇榮上刀山，仇姑娘下地獄，仇虎被拔舌，焦閻王（焦連長）上

〔註 15〕田本相、劉一軍主編：《曹禺全集》第一卷，石家莊：花山文藝出版社，1996 年，頁 526。

天堂。在仇虎的幻相中，閻王、判官等最後都變成了焦閻王。仇虎憤怒地發出「你們這是什麼法律？是什麼法律？」〔註 16〕的質問。陰審是對現實法律的象徵，它反映了民國時期司法制度的混亂與腐敗，它表面上是公正的，但它的正義只是強者的正義，它導致的結果反而是不公正。

既然法律不能伸張正義，仇虎作爲受害人和弱者，只能通過復仇來爲自己伸張正義。由此，我們進入《原野》法律體現的第三個層面——既是審判也是犯罪的復仇。戲劇的第二幕，焦母與仇虎有一次談話，這實際上就是一場「審判」，被告爲未到庭的焦閻王，焦母是其代理人，仇虎爲原告兼法官。在「審判」之中，焦母處處設防，時時爲焦閻王開脫罪行。關於仇榮被活埋，焦母將其歸罪於土匪洪老，還謊稱焦閻王爲救仇榮盡了量。關於仇虎的妹妹被賣屈死，焦母辯護說「怎麼能怪大星的爹。大星的爹爲你妹妹把那人販子打個半死，人找不著，十五歲的姑娘活活在那種地方糟蹋了，那可有什麼法子。」關於仇虎被誣入獄，焦母辯解說：「這八年，你乾爹東託人，西打聽，無奈天高地遠，一個在東，一個在西，花錢託人也弄不出你這寶貝心肝兒子，不也是白費了乾爹這一番心。」〔註 17〕關於仇家的田地，焦母解釋爲：「是你爸爸好吃好賭，耍得一乾二淨，找到你乾爹門上，你乾爹拿出三倍價錢來買你們的地，你爸爸還佔了兩倍的便宜。」〔註 18〕焦母的辯護完全是顚倒是非，但她卻是一個非常稱職或者說是優秀的代理人。作爲原告，仇虎的訴訟能力顯然不如焦母，儘管他清楚眞相，卻順著焦母而不作辯解。然而，作爲法官，仇虎又始終體現出威嚴與公正。仇虎表面上順著焦母，但話中有話，他用「報恩」、「侍奉您老人家到西天」等話語向焦母表明了自己復仇的堅定信念，並要等著焦大星回來好「圖個齊全」以便斬草除根。仇虎的「審判」是公正的，焦閻王必須爲自己的犯罪受到懲罰。可是，罪犯已死，懲罰失去了對象，正義成爲懸置在高空的明鏡，無法落到實處。但仇虎仍然執行了他的判決，他依據古老的「父債子還」、「父仇子報」、「斬草除根」等觀念實施了殘忍的復仇。仇虎爲自己伸張正義實質上是犯罪，「每個復仇行爲都是新罪惡，其本身

〔註 16〕田本相、劉一軍主編：《曹禺全集》第一卷，石家莊：花山文藝出版社，1996年，頁 567。
〔註 17〕田本相、劉一軍主編：《曹禺全集》第一卷，石家莊：花山文藝出版社，1996年，頁 493。
〔註 18〕田本相、劉一軍主編：《曹禺全集》第一卷，石家莊：花山文藝出版社，1996年，頁 493，493～494。

也需要受到懲罰。」〔註 19〕復仇對仇虎而言是正義的行爲，但對焦大星、小黑子卻是不正義的。悖論由此產生：對於一方的正義可能就是對另一方的不正義，而正義應具有普遍性，或者說，對每一個人都是正義的才是眞正的正義。法律能達到這一目標嗎？文學能達到嗎？

三、虛構：通向正義之路

《原野》一方面充分肯定了復仇的合理性與合法性，另一方面又對復仇提出質疑。曹禺曾說：「仇虎的復仇觀念是很強很原始的」〔註 20〕。「原始」意味著野蠻、不文明，應是被批判的。人們對復仇有著許多誤解，這也是《原野》備受爭議的一個原因。復仇在古今中外都不是野蠻、不文明的產物，而是隨著文明的進步而發展並逐步完善起來的，「復仇，特別是制度化的復仇，其實是一種文明、理性的產物……人類的文明、理智越發達、復仇越殘酷；復仇制度的完善程度在一定層面上反映的是文明的發達程度。」〔註 21〕蘇力還認爲：「即使今天下午，司法制度的基礎動力就是人們的復仇本能；如果受害人或其親人沒有復仇意識，司法審判就很難啓動，整個司法程序——即使由於國家干預而啓動——也會完全不同……如果說今天的復仇少了，那也不是人們的復仇願望減少了、弱化了，而是有了司法制度這個替代和制約，人們可以藉此更有效地復仇。」〔註 22〕但在民國初年，仇虎無法通過法律來有效地復仇，他只能通過暴力復仇來爲自己伸張正義。這是合理的，也是合法的，對此，曹禺在劇本中作了充分的肯定和讚美。仇虎完成復仇使命之後，曹禺不由自主地對其進行了讚美：「在黑的原野裏，我們尋不出他一絲的『醜』，反之，逐漸發現他是美的，値得人的高貴的同情的。他代表一種被重重壓迫的眞人，在林中重演他所遭受的不公。在序幕中那種狡惡、機詐的性質逐漸消失，正如花氏在這半夜的磨折裏由對仇虎肉體的愛戀而昇華爲靈性的。」〔註 23〕與此相似，魯迅在《鑄劍》中也對眉間尺和宴之敖者的復仇行

〔註 19〕美波斯納：《法律與文學》，李國慶譯，北京：中國政法大學出版社，2002 年，頁 86。

〔註 20〕田本相：《曹禺傳》，北京：十月文藝出版社，1988 年，頁 208。

〔註 21〕蘇力：《法律與文學：以中國傳統戲劇爲材料》，北京：三聯書店，2006 年，頁 45～46。

〔註 22〕蘇力：《法律與文學：以中國傳統戲劇爲材料》，北京：三聯書店，2006 年，頁 44。

〔註 23〕田本相、劉一軍主編：《曹禺全集》第一卷，石家莊：花山文藝出版社，1996

爲給予了高度讚美。《鑄劍》的復仇場面充滿了血腥與暴力，「然而，在向貪婪褊狹陰毒的王復仇的背景下，暴力因正義而壯麗；加之以喜劇性的因素，使得作品只有快意的復仇而毫無血腥恐怖之感。」〔註 24〕同樣，仇虎的暴力復仇也因正義而「是美的，値得人的高貴的同情的」。

現代文學有許多作品都對復仇和暴力反抗進行了肯定與讚美。這是一種普遍的社會意識形態，正如蘇力所指出的那樣：「在嚴格責任的觀念中，在『君子報仇，十年不晚』的說法中，以及在由民間輿論及至行政、『司法』官吏對復仇者的高度同情和讚揚中，都隱含了一種讚美和鼓勵復仇的社會意識形態。」〔註 25〕但現代文學作品如《原野》對復仇的讚美和鼓勵並非是對主流意識形態的肯定，並非是對民國法律的肯定，而是否定，是批判。通過上文的分析，可以看出，民國時期的司法制度是混亂的、腐敗的，它難以起到維護正義的作用；《原野》在讚美復仇的同時，揭露了民國時期法律的弊病。「歷史早已證明，一旦法律失去作用，暴政就會橫行。」〔註 26〕民國初年就是這樣的情形，《原野》對其進行了形象的反映。由此，我們可以得出這樣的結論：現代文學與民國法律在對正義的追求中不是相向而行的，前者並沒有爲後者提供支持，更多的是揭露與批判，後者存在許多弊病而無法達到正義的目標。

當然，現代文學在追求正義時也沒能達到目標。魯迅《鑄劍》中復仇的崇高性被復仇結果的奇特性、滑稽性所消解；曹禺《原野》中復仇的合理性被復仇結果的罪惡感所消解。《鑄劍》中的復仇對象是王，是強者，對強者的復仇不會導致罪惡感，但《原野》中的復仇對象錯置爲無辜的弱者，所以充滿了罪惡感。復仇是正義的實現途徑，所以法律將復仇制度化，文學將復仇崇高化。然而，任何一次復仇都是新的罪惡，法律與文學在通向正義的途中正義卻離我們遠去。民國時期的法律不能解決這一矛盾；《鑄劍》不能解決，所以呈現出一種荒誕感；《原野》也是如此，所以劇作要以仇虎自殺作結尾。

年，頁 533。

〔註 24〕秦弓：《中國現代文學的暴力題材》，《陝西師範大學學報（哲學社會科學版）》，2009 年第 3 期。

〔註 25〕蘇力：《法律與文學：以中國傳統戲劇爲材料》，北京：三聯書店，2006 年，頁 63。

〔註 26〕美齊奧科斯基：《正義之鏡：法律危機的文學省思》，李晟譯，北京：北京大學出版社，2011 年，頁 189。

法律與文學都追求正義而難以達到目標，其原因之一就在於二者具有一種共同屬性——虛構。文學的虛構性我們不必說了，只簡單談談《原野》的虛構。《原野》的創造，是有原型的，曹禺曾說：「我不熟悉農民，但是，我的那個奶媽給我講了許多農村的故事，公公、婆婆都上弔死了，丈夫死了，兒子死了，只一個女兒沒帶出來，很慘啊！這是有原型的。」〔註 27〕曹禺對聽來的故事進行了藝術的虛構，在《原野》中表達了追求正義的主題。司徒珂在《評〈原野〉》中認為「如以《日出》來和《原野》比較的話，《原野》該是一部更完美的作品，作者在《原野》中還表現著一個美麗的 Idea，這種 idea 頗值得深思回味」。田本相認為這種 idea 是「指仇虎要金子跟他走，去那個『金子鋪地、房子都會飛』的地方。」〔註 28〕我把這種 idea 理解為正義，正如司徒珂所說的那樣：《原野》是「代表坦白、善良、真理而向黑暗、不公、罪惡來痛擊的。」〔註 29〕儘管是虛構，但《原野》還是指向了正義，虛構是文學通向正義的道路。

虛構也是法律的一種屬性，是其通向正義的道路。德里達在《法律的力量：權威的神秘基礎》一文論述了法律的虛構性，他引用了蒙田的一句話：沒有虛構就沒有法律。〔註 30〕法律的虛構性就在於法律條文是用假設性的語言表述的。我們舉《六法全書 . 刑法》第二十一章第二百八十四條為例：「犯殺人罪而有左列情形之一者，處死刑。一、出於預謀者。二、支解折割或有其他殘忍之行為者。」〔註 31〕這一條款的規定使用了「有」、「或有」等假設性詞語，它不是對事實的描述，而是對可能出現的情形的假設和虛構。虛構構成了法律的基礎，「虛構既是權威性的補充，也是力量的補充，補充之後的法律（虛構之後的法律）就具有權威性和力量」。〔註 32〕法律的權威性和力量就在於它的虛構是指向正義的，任何法律都是如此。然而法律有其與生俱來的弊病，那就是它的虛構可能不合理，它的實施可能導致正義的反面。民國

〔註 27〕田本相：《曹禺傳》，北京：十月文藝出版社，1988 年，頁 206。
〔註 28〕田本相：《曹禺傳》，北京：十月文藝出版社，1988 年，頁 217。
〔註 29〕田本相：《曹禺傳》，北京：十月文藝出版社，1988 年，頁 218。
〔註 30〕陳曉明：《在絕境中思考法律與正義——論德里達關於法律的解構思想》，《浙江大學學報（人文社會科學版）》，2008 年第 1 期。
〔註 31〕郭衛輯校：《六法全書》，上海：會文堂新記書局，1932 年，頁 408。
〔註 32〕陳曉明：《在絕境中思考法律與正義——論德里達關於法律的解構思想》，《浙江大學學報（人文社會科學版）》，2008 年第 1 期。

時期的法律（立法）具有正義性，但通過《原野》來看，民國時期的法律（司法）則是混亂的、腐敗的，貪官污吏、行賄受賄等都導致了正義不可能實現。正因爲如此，文學作品才要揭露法律的弊病並對其進行批判和反思，二者在通向正義的途中並非相向而行。

關於正義，羅爾斯指出：「正義是社會制度的首要價值，正像眞理是思想體系的首要價值一樣。一種理論，無論它多麼精緻和簡潔，只要它不眞實，就必須加以拒絕或修正；同樣，某些法律和制度，不管它們如何有效率和有條理，只要它們不正義，就必須加以改造或廢除。每個人都有一種基於正義的不可侵犯性，這種不可侵犯性即使以社會整體利益之名也不能逾越。」〔註 33〕正義必須針對每一個個體，正義不應只是強者的正義，它必須將弱者也納入進來。文學對法律的批判和反思，不是要從根本上否定法律的存在，而是希望廢除不合理的法律或對法律的不合理部分進行修正，以便更加接近正義。

虛構是文學與法律通向正義的道路，然而正義是那麼的遙不可及，它們都面臨著無法擺脫的二難困境：對一人是正義的對另一人可能是不正義的。仇虎的正義就是對焦大星、小黑子的不正義。《原野》通過仇虎靈魂的自審與他審揭示了人類的這種生存困境，它沒有達到正義的目標，卻達到藝術的高峰。曹禺曾說《原野》「最後一幕是寫現實，也是象徵的，沒有出路。有人說，仇虎那麼聰明、有力都衝不出去，那是象徵沒有路。」〔註 34〕正義雖然沒有現身，但仍然是人類的一種永恒追求，仇虎雖然沒有路，但我們應該，也有可能找到無限接近正義的道路。也許，法律與文學運動能爲此做些什麼。

〔註 33〕羅爾斯：《正義論》，何懷宏譯，北京：中國社會科學出版社，1988 年，頁 3。
〔註 34〕田本相：《曹禺傳》，北京：十月文藝出版社，1988 年，頁 208。

法律意識與中國現代新詩
——從奧登的影響談穆旦後期詩歌

王學東*

2007年李章斌在文章《關於〈穆旦詩文集〉的紕繆和疏漏》中，發現了這樣一個問題：「《詩文集》中第一冊收入的《法律像愛情》一詩（第368～370頁），編者把它編列在『1976』年部分，但未注明寫作時間，對其內容來源未作任何說明，頗爲可疑。筆者查閱各種英文的奧登詩集，發現此詩並非穆旦的創作，而是翻譯奧登『Law Like Love』一詩的譯作，只譯了前56行，最後1節4行未譯完（也有可能是這部分的原稿已經遺失），此詩在英美出版的不少重要的奧登詩集中都可以找到，例如蘭登書屋出版的《奧登詩集》（The Collected Poetry of W.H.Auden，New York:Random House,1945）、《短詩結集》（Collected Shorter Poems,1927-1957/W.H.Auden, New York:Random House, 1967），不過這首詩並未收入穆旦翻譯英美現代詩歌的譯文集《英國現代詩選》，原因有待進一步探究。」〔註1〕其實在《法律與愛情》這首詩的「紕繆和疏漏」背後，仍然隱含著了奧登對穆旦持續性、致命性的影響。不過，《穆旦詩文集》的編者李方，把奧登詩歌《法律與愛情》譯作當作穆旦所創作的詩歌的「紕繆和疏漏」，除開一些客觀的原因之外，其實又呈現出了另外一個重要問題：正如這首思考「法律」的詩歌一樣，儘管這種意識是從奧登身上遺傳下來的，但「法律意識」對於穆旦後期的詩歌創作的影響是極爲明顯的。

---

* 王學東（1979～），男，四川樂山人，文學博士，任職於西華大學人文學院。主要研究中國新詩、四川作家、現代文化。

〔註1〕李章斌：《關於〈穆旦詩文集〉的紕繆和疏漏》，《博覽群書》，2007年，第12期。

如果回到這一「紕繆和疏漏」問題的起點，我認爲仍然是思考和回答奧登對穆旦影響的問題。因此，本文主要是以穆旦後期詩歌爲主要探討內容，分析在這一「紕繆和疏漏」背後，以奧登爲例的西方資源，在穆旦這樣的中國作家身上，是僅僅簡單地複製出來一個的「僞奥登風」？還是喚醒、轉化出來了一個中國語境和中國問題的「穆旦風」。

一

毫無疑問，在穆旦的詩歌歷程中，走向西方，向西方詩歌學習，是他詩歌藝術的一個最重要的向度。文革後期，穆旦在 1977 年給巫寧坤的信中，表達了這樣一個觀點，「我認爲中國詩的文藝復興，要靠介紹外國詩。人家眞有兩手，把我們的詩變爲中國白話詩，就是我們的努力的目標，使讀者開開眼界，使寫作者知所遵循。」〔註 2〕在 1976 年，穆旦給杜運燮的信中他也說，「我相信中國的新詩如不接受外國的影響則弄不出有意思的結果。」〔註 3〕由此，在我們的研究中，穆旦對外國文學的借鑒，特別是對現代派的借鑒，一直是我們研究的一個重點。

在中國詩人對西方詩歌的體驗、學習和借鑒中，奧登、艾略特、葉芝、里爾克等等詩人均對中國詩人的詩歌創作有重要的影響，甚至是「致命性」的影響。奧登，便是其中對中國現代詩歌創作有「致命性」影響的一位。

說奧登是有「致命性」影響的作家，最主要的原因在於，奧登以其「中國經歷」、寫出了「詩歌的中國經驗」。我們知道，在中國現代文學史上，奧登是一位以其獨特的生命經歷，特別是與中國現實的戰爭境遇密切的經歷，博得眾多中國詩人的傾慕。1938 年，奧登應邀寫一本與東方有關的旅行雜記，來到了中國，在中國呆了四個月，眞切地感受到了中國的戰爭現實。當奧登從香港到了廣州之後，遊走了中國的大片土地，包括武漢、徐州、西安、漢口、上海等地，廣泛地接觸到了戰爭之下的眞實中國，感受到戰爭籠罩之下的中國人肉體和精神的災難。並且在這一時期由於戰爭，奧登自己生活得異常艱苦。但是，正是在這樣艱難的環境中，奧登創作了一系列反應中國人生存狀態和精神面貌的作品，擊中了中國詩人的靈魂，引起了中國詩歌界的

〔註 2〕穆旦：《致巫寧坤二封》，《穆旦詩文集 2》，北京：人民文學出版社，2006 年，頁 180。

〔註 3〕穆旦：《致杜運燮六封》，《穆旦詩文集 2》，北京：人民文學出版社，2006 年，頁 148。

廣泛關注。這一中國問題的詩歌表達，對於中國詩人來說，無疑是相當震撼的。另一方面，更使中國詩人讚賞的是，奧登的「中國詩歌」，又體現出一種對於人性的反思，對於戰爭的批判，最終上升爲對於人類命運關懷的宏大主題。此時，奧登的「中國詩歌」，成爲「人類精神的詩歌」。奧登的《戰時》，不僅僅是對中國戰爭的思考，也是對於戰爭本質的思考：「奧登對『戰』字不加修飾，連冠詞也不用，這就清楚地表明了他的意圖：他的詩歌是關於戰爭本質和含義的寓言，是一種理論，一種倫理，而不是關於某一段具體的歷史。」〔註 4〕奧登「中國詩歌」蘊含著的「戰爭本質」、「人性本質」、「精神本質」等宏大命題，更深深地打動了中國詩人。

於是我們看到，奧登深深地影響著一批中國詩人的創作。從三十年代開始，對奧登的介紹就大有人在。對於奧登的認同感與艾略特、里爾克等偉大詩人並列，甚至一度超過了他們。杭約赫在《最初的蜜》的後記說，「……在當時國統區的詩壇影響很大，奧登的詩風引起了許多青年人的興趣，我也是其中之一。」王佐良說：「30 年代後期，在昆明西南聯大，一群文學青年醉心於西方現代主義，對於英國浪漫主義詩歌則頗有反感。……當時我們當中不少人也寫詩，而一寫就覺得非寫艾略特和奧登那路的詩不可，只有他們才有現代敏感和與之相應的現代手法。」〔註 5〕具體而言，奧登的影響，既有前面所說的詩人的「中國經歷」和詩歌「中國經驗」，同時也是奧登詩歌所形成「奧登風」的影響：題材上寫戰爭的殘酷、商業文化的墮落；價值取向的人道關懷；表現風格上冷靜客觀的敘述；融入現代科技、商業用語的詩歌語彙；機智幽默的風格等這幾個主要方面。

當然，對於奧登的認同和借鑒過程中，每一個中國詩人又是不一樣的。杜運燮在《我和英國詩》和《在外國詩影響下寫詩》說，「奧登這種用高度概括力，選擇眼前典型事物再加以戲劇化（如把將軍和虱子並列等）的寫法，讀來既生動深刻又耐讀有餘味，給我不少啓發。文字上，我也寧願學奧登的明快乾脆，而不學艾略特等的雖有深度但過於艱澀難懂。」〔註 6〕吸引和影響了他的「奧登風」是奧登寫作表現出的「當代性」、現代主義的表現技巧和諷刺詩的幽默。而楊周翰則看到了自己喜歡的那個奧登：「他對於事物懷著兒童

〔註 4〕趙文書：《W.H.奧登與中國的抗日戰爭》，《當代外國文學》，1999 年，第 4 期。
〔註 5〕王佐良：《序》，《英國浪漫主義詩歌史》，北京：人民文學出版社，1991 年，頁 1。
〔註 6〕杜運燮：《在外國詩歌影響下學寫詩》，《世界文學》，1989 年第 6 期。

底熱切的喜好神秘，緊張，驚險的心情去捕捉而生活於其中」，「不僅在意象的選擇，即在思想的陳述方法上，在風格上，也復如此」，「對於他的工具運用得這樣純熟老練，……使每種形式無論多艱難在他手下無不就範，使各種情感或思想經過他的手『有了身體』」〔註 7〕同樣，詩人兼理論家的袁可嘉身上，又有不同的感受。在《詩與晦澀》中，他稱讚奧登是「二十世紀人類所引以爲傲的幾位出類拔萃的現代詩人」，特別對奧登詩歌中內容的選擇、意象的構造、隱喻明喻的運用等方面的表達效果驚歎不已，以至於在他的詩歌中也出現了模仿、複製的極端現象。……總之，奧登、奧登風，是我們思考中國現代詩歌時需要關注的一個重要現象。

奧登對於穆旦的影響更是極爲明顯的。唐湜在 1948 年發表的《詩的新生代》就說道：「一個浪峰該是由穆旦、杜運燮們的辛勤工作組成的，一群自覺的現代主義者，T.S 艾略特與奧登、史彭德們該是他們的私淑者」。〔註 8〕直接將穆旦、杜運燮看成艾略特、奧登的弟子。之後，王佐良在《穆旦的由來與歸宿》，就認爲穆旦的戰時詩裏「有明顯的奧登的影響」，又在《英國浪漫主義詩歌史・序》轉述穆旦晚年話，「Auden（指早期的奧登）仍是我最喜愛的」。當然，穆旦晚年在給郭保衛的信中，也明確地表達了對於奧登詩歌的喜愛：「奧登寫的中國抗戰時期的某些詩（如一個士兵的死），也是有時間性的，但由於除了表面一層意思外，還有深一層的內容，這深一層的內容至今還能感動我們，所以逃過了題材的時間的局限性。」〔註 9〕可見，奧登對穆旦確實有非常深刻的影響，而且在穆旦的詩歌創作中，奧登的影響也是「致命性」的。

說奧登對穆旦詩歌「致命性」的影響這一點，即在穆旦詩歌創作中所體現出來的對於奧登詩歌的直接複製、模仿的「僞奧登風」。當然，這背後首先是穆旦最眞實的個體生命體驗使然。因爲在奧登詩歌對穆旦產生影響的同時，奧登也是穆旦在行爲上的絕對模範和標杆。我們知道，畢業於牛津大學的高才生奧登，不僅在詩歌創作中客觀地描繪戰爭、反思戰爭，更身體力行地參戰。奧登既參加了西班牙的反法西斯戰爭，又來到中國，接觸到中國的抗日戰爭。因此，奧登是將自己的藝術思想和眞實行動結合起來的一名詩人。正是他這樣的獨特經歷，對於正遭受著戰爭之苦的中國詩人來說，應該是一個有吸引力的榜樣。

〔註 7〕楊周翰：《詩壇的頑童——奧登》，《時與潮雜誌》4 卷 1 期，1944 年 9 月。
〔註 8〕唐湜：《詩的新生代》，《詩創造》，1948 年，第 8 期。
〔註 9〕郭保衛：《書信今猶在，詩人何處尋》，《一個民族已經起來》，南京：江蘇人民出版社，1987 年，頁 178。

穆旦這位畢業於西南聯大的才子，之後也奔赴前線，來到滇緬戰場參加抗日鬥爭。可以說他這一行爲背後，有著他對奧登的崇拜和追隨的影子。當然，也正是在這樣的戰爭體驗中，特別是穆旦在胡康河熱帶雨林中面對死亡的時候，進一步加深了穆旦對於戰爭的思考，也使他更加傾心於奧登的詩歌。由此，奧登對於穆旦「致命性」的影響，正如江若水在《僞奧登風與非中國性：重估穆旦》所說的一樣，一方面是穆旦的「僞奧登風」問題：「如果不讀奧登，我們根本不會清楚穆旦在現代詩的譜系中所處的眞實位置，可是一旦讀了奧登，我們又難免發生一個疑問，即像穆旦這樣在中文裏複製出一個奧登來究竟有什麼意義。」由於奧登生平和詩歌文本的強大魅力，穆旦幾乎是處於仰望奧登的角色之中，甚至成爲一種僅僅是靠複製和模仿奧登詩歌而進行創作的「僞奧登風」。另一方面是穆旦只知有奧登，而不知有傳統的「非中國性」問題：「穆旦未能借助本民族的文化傳統以構築起自身的主體，這使得他面對外來的影響，即使想作創造性的轉化也不再可能。他拿什麼來轉化？徐志摩寫得一手漂亮的駢文，戴望舒能信手將一首新詩改寫成優美的絕句，聞一多有他的李義山，卞之琳有姜白石，馮至有杜甫，可穆旦呢？什麼都沒有。王佐良說：『穆旦的勝利卻在他對於古代經典的徹底的無知。』我的看法正好相反：正是這種『徹底的無知』造成了穆旦的失敗。」〔註 10〕正是由於傳統的缺失，使得穆旦在自己的詩歌創作中只能把自己生命體驗和藝術探求淹沒在奧登的世界中，沒有詩歌中建立起一套可以與奧登抗衡的詩學理念和詩歌作品。

二

奧登對穆旦的影響，既是致命性的，但同時也是創造性的。奧登對於穆旦詩歌的「創造性」的影響中，「法律意識」的影響是其中一個不可忽視的重要因子。

穆旦對於奧登詩歌的翻譯，主要是在他後期。在這個時期的翻譯中，除了對於拜倫、雪萊、普希金、丘特切夫等浪漫主義詩人的翻譯之外，穆旦下的功夫較多的就是英國的現代派詩歌。而這裏有兩個方面的問題值得注意：第一，在文革時期，與對拜倫、雪萊、普希金等浪漫主義的翻譯相比，現代派詩歌的翻譯，既不被認可，更沒有出版的可能。周珏良曾說：「我特別記得

〔註 10〕江若水：《僞奧登風與非中國性：重估穆旦》，《外國文學評論》，2002 年，第 3 期。

1977年春節時在天津看見他。他向我說他又細讀了奧登的詩，自信頗有體會，並且在翻譯。那時他還不可能知道所譯的奧登的詩還有發表的可能。所以這些譯詩和附在後面代表他對原詩見解的大量注釋，純粹是一種眞正愛好的產物。」〔註11〕因此，對於英國現代派的主動翻譯，更能體現穆旦最內在的眞實感受。第二，從他選擇的現代派詩人來看，以他最喜歡的艾略特和奧登的作品最多。穆旦後期，他翻譯的現代派詩歌中，艾略特11首，奧登55首，斯彭德7首，劉易斯3首，麥克尼斯3首，葉芝2首。當然，數量最多的是奧登的作品。可見，奧登對於穆旦的影響持續的，直至晚年，奧登仍是穆旦心中不可或缺的重要詩人。

而在奧登對穆旦的持續性的影響中，特別是在對穆旦後期詩歌的影響中，有一個現象值得注意，那就是穆旦後期所翻譯的55首奧登詩歌中，直接抒寫法律的詩句較多，表達出獨特的法律意識。如《在戰爭時期・二》，「危險增加了，懲罰也日漸嚴刻；／而回頭路已由天使們把守住，／不准詩人和立法者通過。」《在戰爭時期・五》：「但大地突然變了，人們不再需要他，／他成了寒酸和神經錯亂的人，／他開始飲酒，以鼓起勇氣去謀殺；／／或者在辦公室裏偷竊，／變成法律和秩序的頌歌者，／並且以整個的心憎恨生活。」《在戰爭時期・十四》：「山巒審判不了我們，若我們說了謊。」《在戰爭時期・二五》：「沒有恩賜：我們得尋找自己的法律。」《詩解釋》：「整個宇宙，他就是它的法官和受害者。」、「因爲侵略者像法官似地堅決而公正」、「我們的法律將永遠保護你們像環抱的山」《探索・冒險》：「從前，別人曾由正路向左轉，／但那只是在外界的抗議下：／忿懥的強盜被法律判爲非法，／痲風病人被受驚嚇者所驚嚇。」……在這些詩歌中，奧登以他人道主義精神、獨特的意象構造、機智幽默的風格以及奧登式的語彙，展現出了他獨特的法律意識。

最能代表奧登詩歌「法律意識」彰顯的正是《法律像愛情》這一首詩。在穆旦的翻譯詩集《英國現代詩選》沒有收集，以至於在《穆旦詩文集》中，把他當成了穆旦創作的詩歌而收錄。可見，編選者非常重視這首詩歌，並把該詩當成了穆旦自己思想的體現。原詩如下：「法律是太陽，園丁說，／法律是一種規格／一切園丁都得遵守／昨天，今天，以至永久／／法律是古老的智慧，／曾被無力的祖父尖聲責備；／孫兒吐舌發出最高音：／法律是年輕人的理性。

〔註11〕周珏良：《英國現代詩選・序》，《英國現代詩選》，長沙：湖南人民出版社，1985年。

／／法律，教士以教士的神情，／對一群沒有教士派的人解釋／法律是，我的傳教書裏的文字，／法律是我的講壇和教堂的尖頂。／／法律，法官以視線一掃鼻尖／最嚴厲而又清楚地說，／法律是，我曾告訴你們過，／法律是我想對你們很明顯，／法律是，讓我對你們再解釋一遍，／法律就是法律。／／可是守法的學者寫書：／法律不是什麼對和錯／法律只是一些罪惡／受到時間和地點的懲處，／法律是任何時間，任何地點，／人們所穿的衣服，／法律是早安和晚安。／／又有人說，法律是我們的宿命／又有人說，法律是我們的國家／又有人說，又有人說／法律不再存在／法律已經走開。／／那總是聲勢洶洶的人群，／非常憤怒而高喊著說：／法律是「我們」，／還有那總是輕柔的白痴的「是我」。／／假如我們知道，親愛的，／我們不比他們更懂得法律，／假如我不比你更懂得／我們該做和不該做什麼，／／只知一切人都同意／也許高興也許悲哀地／同意法律就是／而且一切人都知道如此，／／如果認為用另一個字／把它說明就是荒唐，／那我不能再說法律是／像很多別人那樣，／／可我們也無權來壓制／把它猜一猜的普遍願望／或者滑出我們的立場／進入一種漠不關心的情況。／／雖然我至少可以局限／你的和我的虛榮／試陳述微末的相同／我們還是可以誇／法律像愛情。」〔註12〕由於這首詩是奧登的原作〔註13〕，我們無法從這首詩展開來分析穆旦的思想。但是，這首詩歌中鮮明的「法律意識」，無疑對譯者穆旦，特別是在文革時期的穆旦，是有著深刻影響的，而這一影響才是我們最應該關注的地方。

那「法律意識」是什麼呢？我們知道，西方法律制度已經相當完備，漢謨拉比法典、查士丁尼國法大全、拿破侖法典、德國民法典和美國憲法……同時在對法律的本質、法律精神的認識上，也有著基本的共識。總體來看，法律精神是指對法律的價值追求，這些價值包括對於民主、自由、權利、正義等等價值的追求。而在這些價值中，「權利意識」可以看做法律精神的最基本、最核心的價值。

西方法學史上，很多著名學者都認同法律的基本精神是對於個人「權利」表達。西塞羅從詞源上分析說：「希臘人所講的法律（nomos）一詞來源於veuw，意指分配，即事物的根本性質，就是讓每個人各得其所（to give every

〔註12〕穆旦：《法律像愛情》，《穆旦詩文集1》，人民文學出版社，2006年，頁368。
〔註13〕原文見：Law , say the gardeners , in the sun, W.H.AUDEN Select Poems, Edited by　EDWARD MENDENLSON　A　Division of Random House，p.89。

man his due)。」〔註 14〕查士丁尼認爲，「法律的基本原則是：爲人誠實，不損害別人，給予每個人他應得的部分。」〔註 15〕所以不管是從詞源上看，還是從法律的基本原則出發，法律是出發點分配，是給予，法律的價值是讓每一個都得到他自己應該得的部分，是要實踐每一個人應有的權利。而以法律來表達和實踐「個人權利」，便成爲西方法學的一個重要傳統。英國著名的自由主義者洛克表明，「法律按其眞正的含義而言與其說是限制還不如說是指導一個自由而有智慧的人去追求他的正當利益。」〔註 16〕由此，以洛克、康德爲代表的自由主義哲學家，都認爲法律指向的是「權利」，尤其是對人的正當生存權利的保障。法國大律師蘭蓋曾提出「法律的精神是所有權」，馬克思說他「表明了他見解的深刻」。所以，權利訴求、權利本位，是法律基本精神，或者說法律精神就是所有權。

以「所有權」、「權利本位」爲核心的法律精神，一方面的指向是與權力對抗，或者說約束「權力」。恩格斯指出：「在階級反對階級的任何鬥爭中，鬥爭的直接目的是政治權力；統治階級保衛自己的最高政治權力，也就是說要保住它在立法機關中的可靠的多數；被統治階級首先爭取一部分政治權力、然後爭取全部政治權力，以便能按照他們自己的利益和需要去改變現行法律。」〔註 17〕而孟德斯鳩在他的著作《論法的精神》，首先指出，「一切有權力的人都容易濫用權力，這是萬古不易的一條經驗。〔註 18〕在他看來，「法的精神」就是約束權力，限制權力，以防止權力的濫用。所以，孟德斯鳩在論法的精神的時候，主要是討論如何通過分權來有效地約束權力。另一方面，法的精神體現出對於「人」的關注，特別是對於自由權利的訴求。休謨說：「一切科學對於人性總是或多或少地有些聯繫，任何學科不論似乎與人性離得多遠，它們總是會通過這樣或那樣的途徑回到人性。」〔註 19〕回到人

〔註 14〕Cicero,The Treaties of M. T. Cicero:On the Laws,Literally translated,chiefly by theeditor, C.D.Yonge, B. A. （London:George Bell and Sons,1876），P.406。

〔註 15〕〔古羅馬〕查士丁尼：《法學階梯》，徐國棟譯，北京：中國政法大學社，1999 年，頁 14。

〔註 16〕〔英〕洛克：《政府論》下篇，葉啓芳、瞿菊農譯，北京：商務印書館，1964 年，頁 35。

〔註 17〕〔德〕恩格斯：《工聯》，《馬克思恩格斯全集》第 19 卷，北京：人民出版社，1965 年，頁 284。

〔註 18〕〔法〕孟德斯鳩：《論法的精神》上卷，張雁深譯，北京：商務印書館，1961 年，頁 154。

〔註 19〕〔英〕休謨：《人性論・引論》，關文運譯，鄭之驤校，北京：商務印書館，

性來談法律，便是他法律對於人的本質的追尋和展現。黑格爾和馬克思都把「法」看作是人的本質，即對「自由」本質的表達。黑格爾認爲，「法就是作爲理念的自由」，「任何定在，只要是自由意志的定在，就叫做法。」〔註20〕馬克思也說，「如果不談所謂的自由意志、人的責任能力、必然和自由的關係等問題，就不能很好地議論道德和法的問題。」〔註21〕總而言之，法律精神，對於所有權、對於自由的訴求，就是爲了保障個人的所有權、個體自由。用盧梭的話來說，「我們所以訂立法律，爲的是它能保證我們不作任何人的奴隸。」〔註22〕

總之，奧登詩歌中所體現出來的法律意識、法律精神，在穆旦後期的詩歌翻譯中體現，也在他的詩歌創作中體現出來。而我們所說的「法律意識」，主要體現在以上對於法的本質、法的精神的理解之中。

三

這裏首先得表明，如果我們要從穆旦的敘述中去尋找穆旦對法律意識的直接表達，這是困難的。在我看來，這也是沒有必要的。在文革這樣一個特殊的時期，「權利」和「權力」，成爲穆旦後期詩歌的一個極爲重要的主題。一方面，穆旦通過翻譯，再次與奧登在「法律意識」之路上相遇；另一方面，由於特殊的時代背景，穆旦後期詩歌的這次相遇又變得更有現實生命力。

第一，穆旦後期的詩歌，展示出「權力」對於「個體權利」的剝奪過程。在強大的權力之下，個體沒有「權利」，也完全已經沒有了自己的價值，穆旦在自己的詩歌中更深刻地展示了這一點。更爲重要的是，在穆旦的詩歌中，深入到個體在「權力」的世界中，展示出人如何不是人，人如何失去了自己。如詩歌《「我」的形成》：「報紙和電波傳來的謊言／都勝利地衝進我的頭腦，／等我需要做出決定時，／它們就發出恫嚇和忠告。／／一個我從不認識的人／揮一揮手，他從未想到我，／正當我走在大路的時候，／卻把我抓進生

1980年。

〔註20〕〔德〕黑格爾：《法哲學原理》，范揚、張企泰譯，北京：商務印書館，1961年。

〔註21〕〔德〕恩格斯：《反杜林論》，《馬克思恩格斯選集》，第3卷，北京：人民出版社，1995年，頁454。

〔註22〕〔法〕盧梭：《論人類不平等的起源和基礎》，李常山譯，北京：商務印書館，1962年，頁133。

活的一格。／／從機關到機關旅行著公文，／你知道爲什麼它那樣忙碌？／只爲了我的生命的海洋／從此在它的印章下凝固。／／在大地上，由泥土塑成的／許多高樓矗立著許多權威，／我知道泥土仍將歸爲泥土，／但那時我已被它摧毀。／／彷彿在瘋女的睡眠中，／一個怪夢閃一閃就沉沒；／她醒來看見明朗的世界，／但那荒誕的夢釘住了我。」這裏穆旦從細節展示「權力」對每一個個體的滲透和深入的具體過程：浸透在生活中的報紙和電波，深入了「我」的大腦，我生存的信息已經被「權力」編碼；「我」不能做出自己的決定，因爲有恐嚇，有忠告；「我」不能走自己的道路，因爲我只是屬於某一個固定的格子；「我」只是一個凝固的印章，「我」只能存在，作爲被摧毀後的泥土才能存在……儘管詩歌的標題是《「我」的形成》，但是在詩歌中，我們看到的卻是「我」的毀滅，「我」的異化。也就是說，在權力的籠罩之下，眞正的「自我」是形不成的。只要權力沒有得到約束，只要權力還在濫用，「我」不能成爲「我」，我也成不了「人」。

在特定的年代，穆旦將「權力」用太陽來隱喻，將批判的矛頭直指太陽。而太陽豐富的含義，特別是與意識形態的接軌，更顯示了穆旦淩厲的批判精神。如穆旦《秋・2》中，「處身在太陽建立的大廈，／連你的憂煩也是他的作品」。作爲象徵權力的太陽，具有強大的力量。正像所有的權力一樣，太陽已經建立了自己的帝國和大廈，將人籠罩在其中，將人全部包圍在其中。人以及人的所有的感受，都是在他的掌握之中的，都是屬於他所操控的一部分。太陽的強大以及其勢力範圍的龐大，即使是在落日之中，也依然操控著人的權利。在《老年的夢囈・2》中，「生命短促得像朝露：／你的笑臉，他的憤怒，／還有她那少女的嫵媚，／轉眼竟被陽光燃成灰！」作爲權力象徵的太陽，更直接毀滅了人的生命。

第二，穆旦後期也呈現出與控制「權利」的「權力」的抗爭的主題。穆旦認爲，要獲得「人的權利」，首先就是與「權力」抗爭，「首先就是擊敗無限的權力」，這彰顯了穆旦強烈的「法律意識」。這以穆旦的《神的變形》爲代表，在這首詩歌中，穆旦設置了一個多重角色之間的對話，以形而上哲思建構出世界的基本結構是：「神——權力——魔——人」。一方面，穆旦毫不保留地批判權力，並將這一批判意識上升爲世界之「眞理」。在這個體系中，神的體系有了病，魔的勢力在瘋狂地增長，一個重要的病因就是「權力」：「我是病因。你對我的無限要求／就使你的全身生出無限的腐銹。／你貪得無厭，以爲這樣最安全，／卻被我腐蝕得一天天更保守。／你原來是從無到有，力大無窮，／一天天的禮贊已經把你催眠，／豈不知那都是我給你的報酬？／而對你的任性，人心日漸變冷，／在那心窩裏有了另一個要求。」所以，是權力導致神體系的坍塌，是權力滋生了人心中的魔性，但也正是權力才組建爲整個世界的基本運行模式。穆旦以「人」的口吻，展示了他對「權利」的絕對批判和反抗，喊出了「首先擊敗無限的權力」，展示了約束權力、對抗權力的法律意識：「神在發出號召，讓我們擊敗魔，／魔發出號召，讓我們擊敗神祇；／我們既厭惡了神，也不信任魔，／我們該首先擊敗無限的權力！」同時，穆旦還極爲看重這一「法律意識」，將之上升爲「眞理」：「這神魔之爭在我們頭上進行，／我們已經旁觀了多少個世紀！／不，不是旁觀，而是被迫捲進來，／懷著熱望，像爲了自身的利益。／打倒一陣，歡呼一陣，失望無窮，／總是絕對的權利得到了勝利！／神和魔都要絕對地統治世界，／而且都會把自己裝扮得美麗。／心呵，心呵，你是這樣容易受騙，但現在，我們已看到一個眞理。」可見，在穆旦世界觀中，「權力」是世界模式中最重要的一個中心環節，而穆旦卻又從中尋找了另外的眞理，那就是對於權利批判的「法律意識」。

穆旦又並非天眞地認爲這種反抗可以「畢其功於一役」，他清醒地看到「權力」的強大。在詩歌《神的變形》中，穆旦以「權力」的話語結尾：「而我，不見的幽靈，躲在他身後，／不管是神，是魔，是人，登上寶座，／我有種種幻術越過他的誓言，／以我的腐蝕劑伸入各個角落；／不管是多麼美麗的形象，最後……人已多次體會了那苦果。」在這場「神——權力——魔——人」的鬥爭中，穆旦讓「權力」以驕傲的姿態結尾，更深刻表明了穆旦對於權力的清醒態度。體現了穆旦時時提防權力、處處反抗權力的詩歌精神。當然，也正是由於這種精神，穆旦詩歌中的「法律意識」才更加有力。

第三，穆旦還以自己獨特的詩思，形象地呈現了人的權利失落後悲慘境遇。由此進一步呈現出爭取權利的重要。人的權利被剝奪，就形成了一種奇怪的生存方式，這就是表演。如穆旦的《演出》：「慷慨陳詞，憤怒，讚美和歡笑／是暗處的眼睛早期待的表演，／只看按照這齣戲的人物表，／演員如何配置精彩的情感。／／終至臺上下已習慣這種僞裝，……它買到的不是珍貴的共鳴／而是熱烈鼓掌下的無動於衷。」這就是一幅權利被剝奪的人的生存狀況，僅僅爲表演而活著。這首先是「權力」「暗處的眼睛」所要求的固定程序的表演。而在多次的表演過程中，這種沒有自我權利的表演生活又成爲了個體生存的一種常態，並且主動地區迎合「權力」暗處的眼睛。更爲可悲的是，這種沒有權利的生活，這樣一個被權力所掌控的生活，儘管得到了無數無動於衷的掌聲。在這樣的世界中，穆旦更加彰顯了權利對個體、社會的重要性。

在穆旦詩歌中，他形象地將被剝奪了權利的人稱之爲「蒼蠅」。蒼蠅呵，小小的蒼蠅，／在陽光下飛來飛去，／誰知道一日三餐／你是怎樣的尋覓？／誰知道你在哪兒／躲避昨夜的風雨？／世界是永遠新鮮，／你永遠這麼好奇，／生活著，快樂地飛翔，／半饑半飽，活躍無比，／東聞一聞，西看一看，／也不管人們的厭膩，／我們掩鼻的地方／對你有香甜的蜜。／自居爲平等的生命，／你也來歌唱夏季；／是一種幻覺，理想，／把你吸引到這裏，／飛進門，又爬進窗，／來承受猛烈的拍擊。這隻小蒼蠅來說，沒有基本的「吃」和「住」的權利，這正是被剝奪了權利的人的正是寫照。只有小小的生命，只有微不足道的自我。具體說來，沒有權利的自我，就是一隻蒼蠅，一隻爲眾人所討厭的、渺小的蒼蠅。以「蒼蠅」形象來思考權利的價值，更加彰顯穆旦對於個人權利的關注。小小的蒼蠅，一個普通的生命，他的命運，有誰探討過，思考過？或許，在歷史的長河中，大量的人就像蒼蠅一樣渺小，其一生的命運永遠不爲人知。這一隻蒼蠅，不但沒有基本的生活權利，同時又時時遭遇到被毀滅的境遇。蒼蠅所渴望的普通生活，蒼蠅所歌唱的夏季，蒼蠅所期待的平等權利，始終都只是一個幻影，一個幻象。甚至被權力所利用，最終受到猛烈的「拍擊」。這既是權利失落之後的人的生存狀況。

最後，穆旦詩歌中的「法律意識」，還展現爲對於「權利」的讚美和呼喊，期待擁有基本權利的普通人生活。人的基本權利的追求，不是神聖、超凡的追求，而只是生命的普通的歷程。個人權利的獲得，並不是是追求審美、藝術，生命的神秘、奇迹，只是完成了一個人的生命歷程，完成了人的普通生活而已，應該得到保障。在詩歌《冥想 2》中，穆旦寫到：「把生命的突泉捧在我手裏，／我只覺得它來得新鮮，／是濃烈的酒，清新的泡沫，／注入我的奔波、勞作、冒險。／彷彿前人從未經臨的園地／就要展現在我的面前。／／但如今，突然面對著墳墓，／我冷眼向過去稍稍回顧，／只見它曲折灌溉的悲喜／都消失在一片亘古的荒漠，／這才知道我的全部努力／不過完成了普通的生活。當人的生命權利，如「突泉」一樣得以綻放的時候，詩人眼前似乎看到了一片姹紫嫣紅的夢幻景象：新鮮、濃烈、清新，似一片未曾開拓的處女地。同時，當回頭來看這一燦爛「生命的突泉」的時候，詩人才更加深刻地理解到，個人的生存權利，這本來就是生命本身的東西，這也是普通生命的需要。正是回到普通、回到日常的基本生活，人的基本權利基礎，這也是穆旦後期詩歌中極有震動力之處。

總之，在這一特殊時期，極度強大的「權力」對於「個體」生命、財產、自由等所有權利的佔有和剝奪。特別是單一的政治取向，對於個體生命、財產、自由等價值予以排斥、打壓、歸化、合併、整合，也就完全造成了個人所有權的失落。正是在這樣的背景之下，穆旦後期的詩歌才激發了對剝奪個體生命、財產、自由等權利的「權力」的反思、質疑和重審，出此在詩歌中呈現豐富而重要的「法律意識」。

四

談「法律」與「詩歌」的關係，或者說談「法律意識」與「現代新詩」的關係，並非空穴來風。古希臘、古羅馬哲人們就把眞正的法律當作最完善的詩歌，認爲只有偉大立法者才是偉大的詩人。柏拉圖就認爲，「建立一個城邦的法律是比創作一部悲劇還要美得多，最高尚的（悲劇）劇本只有憑眞正的法律才能達到完善。歷史上的一些偉大的立法者（如斯巴達的萊庫古和雅典的梭倫）才是偉大的詩人，他們制定的法律才是偉大的詩。」〔註23〕同時，一些偉大的詩人，其本身就是學法律專業出身，如意大利詩人但丁、德國詩人歌德、希臘詩人埃利蒂斯、俄國詩人曼杰什坦姆……，乃至中國新時期詩人海子，他們既是世俗法律的實施者，同時又是人類精神的立法者。

更爲重要的是，穆旦在「走向西方」，向西方現代詩歌學習的時候，彰顯出「法律意識」對於中國現代詩歌建構的獨特意義。在我看來，正是「法律意識」這一重要因素的介入和滋潤，造就了穆旦後期詩歌的獨特風貌。所以，穆旦後期詩歌中的「法律意識」，其實展現出了一種重要的詩歌價值。這不僅讓穆旦從奧登中來，而且走出了奧登，走進了中國新詩和中國語境，體現出一種「穆旦風」追求。

其一，對於穆旦的整個詩歌歷程來說，「法律意識」使穆旦後期的詩歌創作

〔註23〕朱光潛：《西方美學史》上卷，北京：人民文學出版社，1982年，頁55。

具有鮮明的中國語境，體現出非常鮮明的「中國氣息」。如果說穆旦建國前的詩歌創作，展現了一種與傳統文化隔絕的「非中國性」，那麼穆旦後期的詩歌，則緊緊關係著中國境遇，呈現出強烈的「中國氣息」。其實，對於「中國性」的強調，一直都是穆旦的詩學理念。穆旦在評論艾青時候就曾說：「他的筆觸範圍很大，然而在他的任何一種生活的刻畫裏，我們都可以嗅到同一『土地的氣息』。」「從這些氣息當中我們可以毫不錯誤地認辨出來，這些詩行正是我們本土上的，而沒有一個新詩人比艾青更『中國的』了。」〔註 24〕而在文革時期，穆旦詩歌中的「法律意識」使得穆旦身上的「中國氣息」更加明顯。

文革時期的社會狀況，可以稱之爲一種「全景敞視建築」。福柯描繪出了「全景敞視建築」：「四周是一個環行建築，中心是一座瞭望塔。瞭望塔有一圈大窗戶，對著環行建築。環行建築被分成許多小囚室，每個囚室都貫穿建築物的橫切面。各囚室都有兩個窗戶，一個對著裏面，與塔的窗戶相對，另一個對著外面，能使光亮從囚室的一端照到另一端。然後，所需要做的就是在中心瞭望塔安排一名監督者，在每個囚室裏關進一個瘋人或一個病人、一個罪犯、一個工人、一個學生。通過逆光效果，人們可以從瞭望塔的與光源相反的角度，觀察四周囚室裏被囚禁者的小人影。這些囚室就像許多小籠子、小舞臺。在裏面，每個演員都煢煢孑立，各具特色並歷歷在目。敞視建築機制在安排空間單位時，使之可以被隨時觀看和一眼辨認。總之，它推翻了牢獄的原則，或者更準確地說，推翻了它的三個功能——封閉、剝奪光線和隱藏。它只保留下第一個功能，消除了另外兩個功能。」〔註 25〕在這個世界中，「權力」是中心建築，並全景式地籠罩在每一個人身上，人的自由、人的權利達到最低點，由此形成了一個完全封閉的社會。儘管在穆旦後的詩歌中，並沒有像福柯展現這一「全景敞視建築」的每一個細節，但穆旦在詩歌中堅決勇猛地發出了對於權利的反抗之聲，體現出了爲人性，爲人權以及爲了人的尊嚴而戰的「法律意識」，描繪了出了這樣一個封閉的社會，以及在這社會之下的人的生存狀態和精神特徵。

其二，這種法律意識，又使穆旦詩學追求中的「新的抒情」進一步完善，進一步凸顯了穆旦詩歌的「穆旦風」。穆旦後期的詩歌，以建構人的基本權利、

〔註 24〕穆旦：《他死在第二次》，《大公報・綜合》（香港版），1940 年 3 月 3 日。

〔註 25〕〔法〕福科：《規訓與懲罰——監獄的誕生》，劉北成、楊遠嬰譯，北京：三聯書店，頁 224～225。

追求人的生存權利爲主題。由此，穆旦後期詩歌的升發出來的現代人的「權利意識」，構築了穆旦詩歌獨特的詩學追求，進一步完善了穆旦「新的抒情」這一詩學理念。

穆旦提出的「新的抒情」詩學理論中，包含了「理性」、「鼓舞」和「光明」這樣幾個維度：「這新的抒情應該是，有理性地鼓舞人們去爭取那個光明的一種東西。我著重在『有理性地』一詞，因爲在我們今日的詩壇上，有過多的熱情的詩行，在理智深處沒有任何基點，似乎只出於作者一時的歇斯底裏，不但不能夠在讀者中間引起共鳴來，反而會使一般人覺得，詩人對事物的反映畢竟是和他們相左的。」〔註 26〕。由此，在我們的視野中，並且在穆旦的這段自我敘述中，我們都強調穆旦「新的抒情」中「理性」這一特徵。但同時，穆旦「新的抒情」中，「鼓舞」和「光明」兩個維度也同樣重要。我認爲這裏的「光明」，在穆旦後期的詩歌中，其重要的涵義就是「個人權利」。

本來，「抒情」在中國傳統中是一個有著豐富涵義的美學概念，可以說是中國傳統詩學，以及中國傳統藝術的基礎性概念，乃至可以說是中國古代審美的決定性因素。以小農經濟爲主的中國社會中，在傳統哲學的「中庸」、「天人合一」、「修心」、「輪迴」等思想，以及傳統的文人政治等的種種合力之下，「抒情」這一概念固化，傳統多維的「抒情之思」，最後僅僅坐實爲對「意境」的追求與迷戀：順應宇宙萬物變化，遵從天命，與天地萬物合一而並生，形成一種寧靜的生命形態，達到生命與自然之間的親密無間和諧共一。他們陶醉於這種人與自然的「共在」關係，不以主體的世界主宰世界萬物，也沒有征服和去改造世界的願望，不去打破自然界的和諧秩序，任其自在自爲地演化生命。

但是在現代社會中，我們需要「新的抒情」。在現代社會的發展中，中國現代工商業文化發展成爲了主流，現代價值已成爲社會的基本規範。而現代價值，一個最重要的標誌在於個體價值的至高無上，在於對個人價值的挖掘，在於個體意義的彰顯。因此，在現代社會中，現代詩歌必須彰顯「人的價值」，彰顯出維護人的權利的「法律意識」。在穆旦後期詩歌中我們看到，他的詩歌主題呈現出：人必須作爲一個有權利的公民而存在，人必須有基本權利，而且社會必須保障這些人的基本權利。如果沒有這些公民的基本權利，就沒有人，所有的「鼓舞」和「光明」都將是一種虛幻。尊重人的基本權利並以法

〔註 26〕穆旦：《〈慰勞信集〉——從〈魚目集〉說起》，《穆旦詩文集 2》，北京：人民文學出版社，2006 年，頁 54。

治保障人的基本權利等「法律意識」的介入，是穆旦「新的抒情」詩學理念的進一步完善。

最後，穆旦後期詩歌中的「法律意識」，更包含了一種獨特的文化關懷。中國現代文化中，「人的啓蒙」、「人的拯救」一直以來是一個未完成的方案。從五四開始的是「人之崛起」的啓蒙呼聲，魯迅力挺「精神界之戰士」，胡適高揚「健全的個人主義」，甚至從周作人的「人的文學」到郭沫若「自我表現」，「造成了一個可以稱爲『人的解放』的時代。」但是在歷史的重重迷霧中，「自我」始終或隱或彰，且難以再成爲一種詩歌精神的中心。

而以「權利」爲基點，來建構中國現代文化中的「人」的方案，應該是一個最重要的突破口，也是「穆旦風」的終極指向。「人國既建，乃始雄厲無前，屹然獨見於天下，更何有於膚淺凡庸之事物哉？」〔註 27〕穆旦詩歌中，大量地呈現了人鮮活生命的跳動，展示出人的基本權利，這是穆旦詩歌中非常耀眼的部分。並且穆旦還展示了，要獲取個人的權利，對於權力的「批判」和鬥爭的重要。「現實本來也是這樣的：要實現『崇高的理想』，不能不通過『辛酸的勞苦』；有了『災難』，才更激發希望；『自由』是必須從戰鬥裏爭取的。」〔註 28〕我們知道，啓蒙主體性原則的確立，其中「批判」是相當必要的，「康德把啓蒙描述爲人類運用自己的理性而不臣服於任何權威的時刻；在這個時刻，批判是必要的，因爲它的作用是規定理性運用的合法性的條件。」〔註 29〕批判的精神和批判的意識，是穆旦「法律意識」的一個重要向度。

由此，穆旦詩歌中「法律意識」的文化意蘊，其實正是一種啓蒙之思的推進。以「法律意識」、「權利意識」來確定人的價值，來確證人的啓蒙，是「穆旦風」的特徵。當然，只有以「法律意識」、「權利意識」來確定人的價值，來確證人的啓蒙的「穆旦風」，才能最終實踐出個人的欲望、個人的情感和個人的意志。只有眞正實踐了人的價值，才能實踐個人在社會中的生存和發展的空間。這樣，穆旦詩歌中「法律意識」，可以說深入推進了現代中國文化的「人的啓蒙」。

〔註 27〕魯迅：《墳·文化偏至論》，《魯迅全集》第 1 卷，北京：人民文學出版社，1981 年，頁 56。

〔註 28〕穆旦：《普希金的〈寄西伯利亞〉》，《穆旦詩文集 2》，北京：人民文學出版社，2006 年，頁 91。

〔註 29〕〔法〕福科：《什麼是啓蒙》，《文化與公共性》，汪輝、陳燕谷編，北京：三聯書店，1998 年，頁 428。

第四編　相關問題研究

「分科」視域中的北京大學與「新文化運動」

李　哲*

蔡元培掌校時期的北京大學並不是作爲一個整體參與了「新文化運動」，其各個學科（尤其是法科和文科）之間的差異，使得蔡元培在北大的改革實踐有著不同的思路、目標，也產生了不同的效果，這也導致了各個學科在參與「新文化運動」時參與程度和參與方式各不相同。蔡元培將北京大學標識爲「純粹研究學問之機關」，貶抑了作爲「應用之學」的法科，從而以大學場域内的「學」、「術」之別將五四知識分子與官僚政治的身份區分開來。而另一方面，蔡元培「思想自由、兼容並包」的教育實踐，打破了文科沿襲的「家學」傳統，將文科開闢成爲自由討論社會問題的言論空間，而正是借助這一空間獨特的學術生態，知識分子才獲得了不同「政論」的言説方式。由此可見，「新文化運動」是知識分子群體以獨立身份發動的思想文化運動，它以「風氣轉移」的方式參與了社會轉型的歷史過程。

眾所周知，在五四新文化運動進行的過程中，蔡元培執掌的北京大學佔據著一個舉足輕重的位置。誠如羅家倫所說：「從整頓北京大學，改革課程内容，喚起青年對於自身人格的重視以至於產生文學革命和所謂新文化運動，對於社會的制度、固有的權威加以理性的批評和大膽的攻擊，再至於產生五四運動爲中國近代一般青年和民眾直接參與國家問題和社會運動的開始，這一個大波瀾雖然是種種時代的動量促成的，但是當時蔡孑民時代的北

* 李哲，四川大學文學與新聞學院 2011 級博士生。

京大學，是一切動力的發動機，是將來寫這個時代歷史的人不能不注意到的。」〔註 1〕但在既往的研究中，我們往往將北京大學視為一個整體性存在：它作為整體為蔡元培所改革；作為整體與收納了《新青年》雜誌，完成了「一校一刊」的結合；它也是作為整體參與了「文學革命」乃至整個「五四新文化運動」。這種研究理路形成了一種固化的歷史敘事：即蔡元培通過一系列改革將北大這個「官僚學府」改造成了「思想自由、兼容並包」的現代性大學，而「思想自由、兼容並包」被視為蔡元培對「新文學」（「新文化」）的變相支持，所謂「文學革命」也就是成了一場「新舊更替」的思想流變過程。但問題在於，這種整體性的觀照實際上遮蔽了北京大學內部的多元性和複雜性：在北京大學內部，各種勢力錯綜複雜地交織在一起，正是這些作為歷史主體的多種勢力之間的碰撞和衝突，才成為了激活「文學革命」和「新文化運動」的動力。所以在我看來，我們慣常所說的「新」、「舊」更多是一種極其不穩定的歷史觀念，用它來對北大內部多重勢力予以劃分不僅失之武斷，且顯得過於抽象。而另一方面，當時北大內部的學科、社團、組織機構這些更為具體的歷史存在物，反倒能為我們的歷史描述提供更為有效的參照。本文即從「學科」這一角度切入，探討蔡元培掌校期間北大內部各個學科（主要是「法科」和「文科」）之間地位的具體變化，以及這種變化對「文學革命」、「新文化運動」乃至整個中國的社會轉型所產生的深遠影響。

事實上，北京大學的「分科制度」由來已久。早在 1898 年，李端棻就在那篇著名的《請推廣學校折》中直陳新式學堂中「學業不分齋院，生徒不重專門」的弊端，他認為，相對各個省學而言，京師大學堂「惟亦加專精，各執一門，不遷其業，以三年為」。〔註 2〕而在 1902 年，張百熙在《欽定京師大學堂章程》中正式確立了「七科之制」：大學分科，俟豫備科學生卒業之後再議課程，今略仿日本例，定為大綱分列如下：政治科第一，文學科第二，格致科第三，農業科第四，工藝科第五，商務科第六，醫術科第七。其中政治科之目二：一曰政治學，二曰法律學。文學科之目七：一曰經學，二曰史學，三曰理學，四曰諸子學，五曰掌故學，六曰詞章學，七曰外國語言文字學」。

〔註 1〕羅家倫口述、馬星野筆記：《蔡元培時代的北京大學與五四運動》，《追憶蔡元培》，陳平原、鄭勇編，第 169 頁，第 174 頁，第 175 頁，第 192 頁，三聯書店，2009 年 4 月北京第 1 版。

〔註 2〕李端棻：《請推廣學校折》，《中國近代教育史資料》（上），舒新城編，第 143 頁，人民教育出版社，1981 年 3 月第 2 版。

〔註3〕1903年，《奏定大學堂章程》進一步提出「大學堂以各項學術藝能之人才足供任用爲成效」，因此建議「大學堂內設分科大學堂，爲教授各科學理法，俾將來可施諸實用之所。」〔註4〕而分科大學堂的科目與《欽定京師大學堂章程》相比並無根本變化，只是增設經學一科。在民國成立之後，蔡元培任總長的民國教育部頒佈了《大學令》，實際上是沿襲了晚清時代的「七科分類」制。《大學令》第二條就確定了大學的分科制度，「大學分爲文科、理科、法科、商科、醫科、農科、工科」，這與《欽定京師大學堂章程》並無太大不同，只是將《奏定大學堂章程》增設的「經科」併入了「文科」。在過往的教育史研究中，學者們往往更多注意到《大學令》的第一條：「大學以教授高深學問，養成碩學閎才，應國家需要爲宗旨」，〔註5〕而較少提及北京大學這種漸次明晰的分科之制。北京大學首任校長嚴復指出：「普通教育所以養成公民之常識，高等大學所以養專門之人才，無公民則憲法難以推行，無專門則庶功無由克舉。」〔註6〕1914年就任北大校長的胡仁源也異常重視「發展專門學術」，他在學校的《計劃書》中指出：「大學設立之目的，除造就碩學通才以備世用而外，尤在養成專門學者」，「我國創立大學垂十年餘，前後教員無慮百數，而其能以專門學業表現於天下者，殆無人焉。不可謂非國家之恥矣。」〔註7〕《計劃書》提出要採取幾項有力措施：「延聘教員務宜選相當人才，任用以後，不宜輕易更換，國家對於教員，尤宜格外優遇，以養成社會尊尚學術之風，庶聰明才智之士，能專心於教育事業而專門學問日增發達」，甚至規定「於各科教員中，每年輪流派遣數人，分赴歐美各國，對於所擔任科目，爲專門之研究，多則年餘，少則數月，在外時仍支原薪」。〔註8〕由此可知，經過晚清自民國初期一系列的制度建設，北大在蔡元培就任校長之時的學科建制已初

〔註3〕《欽定大學堂章程》，《中國近代教育史資料》（上），舒新城編，第546頁，人民教育出版社，1981年3月第2版。

〔註4〕《奏定大學堂章程》，《中國近代教育史資料》（上），舒新城編，第573頁，人民教育出版社，1981年3月第2版。

〔註5〕蔡元培：《大學令》，《蔡元培全集》（第2卷），第283頁，中華書局，1984年9月第1版。

〔註6〕嚴復：《論北京大學校不可停辦說帖》，轉引自蕭超然《北京大學與五四運動》，第23～25頁，北京大學出版社，1995年12月第1版。

〔註7〕胡仁源：《北京大學計劃書》，轉引自蕭超然《北京大學與五四運動》，第29～30頁，北京大學出版社，1995年12月第1版。

〔註8〕胡仁源：《北京大學計劃書》，轉引自蕭超然《北京大學與五四運動》，第29～30頁，北京大學出版社，1995年12月第1版。

具規模。當然，與歐美現代的高等學府相比，這種模仿日本的學科建制當然還談不上完整和規範，但其各個學科已經具有了一定程度上的獨立性，且它們之間有著相對清晰的界限和畛域。事實上，北大這樣一種相對明晰的學科建制，已經爲蔡元培掌校後的改革奠定了基本的格局，它決定了北京大學內部不是鐵板一塊，而是有著各自不同的微觀場域。例如，與蔡元培改革牽扯最深的法科和文科，其學制、學風就大不相同。這種不同也使得蔡元培改革並非通盤的，它有著不同的起點、方式和路向，也決定了它們在改革中所扮演的角色，乃至對之後整個「新文化運動」發軔的具體意義。在本文中，我們就是要通過以「法科」和「文科」這兩個最具代表性的學科爲視域，審視蔡元培在北京大學中兩種不同的改革思路，從而力圖把握北京大學之於整個「新文化運動」多重的、更爲複雜的意義。

一

人們談及蔡元培掌校之前的北京大學時，往往籠統地批評其「封建習氣」、「官僚作風」，慣常的說法是，「改革前的北京大學是一座封建思想、官僚習氣十分濃厚的學府。當時的學生由於是從京師大學堂老爺式的學生嬗繼下來，不少人以上大學爲陞官發財之階梯，對研究學問沒有興趣，讀書就是爲了做官。教員中有不少人不學無術，講課陳陳相因，敷衍塞責。因此，學校裏缺少學術研究的空氣，學生是混資歷，找靠山，封建復古主義的陳腐思想，泛濫橫行。」〔註9〕不可否認，這種說法是有一定歷史依據的，在蔡元培之前擔任過北大校長的胡仁源就曾感歎：「社會心理大都趨重官吏一途，爲教員者多以此爲進身階梯，故鮮能久於其任，而且『逐年更換』、『學問日退』」〔註10〕，而蔡元培本人也在回憶中提及北大學生不良的學術風氣：「專門研究學術的教員，他們不見得歡迎；要是點名時認眞一點，考試時嚴格一點，他們就借個話頭反對他，雖罷課也在所不惜。若是一位在政府有地位的人來兼課，雖時時請假，他們還是歡迎得很；因爲畢業後可以有闊老師做靠山。這種科舉時代遺留下來的劣根性，是於求學上有妨礙的。」〔註 11〕在此種情形

〔註 9〕 蕭超然：《北京大學校史》，第 35 頁，第 54 頁，第 55 頁，第 57 頁，第 61 頁，北京大學出版社，1988 年 4 月第 1 版。

〔註10〕胡仁源：《北京大學計劃書》，轉引自蕭超然《北京大學與五四運動》，第 29～30 頁，北京大學出版社，1995 年 12 月第 1 版。

〔註11〕蔡元培：《我在北京大學的經歷》，《我與北大——老「北大」話北大》，王世

之下，將北京大學由一個「趨重官吏一途」的機構轉變成「純粹研究學問之機關」，自然成為蔡元培改革的重要目標。羅家倫就曾回憶：「北京大學，從前也是一個腐敗的學校，在京師大學堂時代，進士館裏，差不多每個學生有個當差。上課鈴打了，由當差來請『老爺上課』。民國初年，北京出名的八大胡同裏，談到光顧的客人，則首稱『兩院一堂』。兩院是參議院與眾議院，一堂便是京師大學堂。到民國六年蔡元培先生任校長，以其人格的影響變更了這個風氣。他教訓學生，來北大求學，不當為將來陞官發財而來，也還不只是為個人求學而來，乃是要為國家為民族著想，為負起貢獻世界文化的重要使命而來的。所以那時的北大，氣象一變。」〔註12〕

但這裏的問題在於，彼時北京大學內部各個學科在學制、學風上已經各具特點，且它們之間有著相對清晰的界限，這種「封建習氣」、「官僚作風」是否能對北大各科一概而論？結合具體的歷史來說，答案是否定的，北大學生和教員皆「以大學為陞官發財之階梯」的「封建思想」和「官僚習氣」，並不能籠統地指涉北京大學整體（至少這種指涉不能在同一個層次上），而是更多地偏重於「法科」這一學科。

反顧歷史，北京大學法科有一條相對獨立的發展軌迹，也體現出一些與其他學科不同的鮮明特點。據王健先生的《中國近代的法律教育》一書所說，北京大學正式的法科教育早在民國成立之前就啓動了。1910年，「按照奏定章程，法政科原定的法律、政治兩門全部設立。法政科師範生及譯學館畢業生、預科法文班學升入。學部派林棨為法政科監督，……自此，京師大學堂的法科本科教育正式開始。」〔註13〕在很長一段時間裏，法科在北大的地位是其它各科難以比擬的：「在民國最初的十多年，北大法科學生的數量總體上在不斷地增加著，與北大其他各門（系）相比，其數量也逐漸地高於、甚至遠遠高於其他各系。」〔註14〕而這裏需要指出的是，法科在北大各科中佔據中心

儒、聞笛編，第48～49頁，第50頁，58頁，北京大學出版社，1998年4月第1版。

〔註12〕羅家倫：《新文化運動的時代和影響》，《歷史記憶與歷史解釋 —— 民國時期名人談五四》，第28頁，第29頁，楊琥編，福建教育出版社，2011年1月第1版。

〔註13〕王健：《中國近代的法制教育》，第174～175頁，第176頁，第180頁，中國政法大學出版社，2001年1月第1版。

〔註14〕王健：《中國近代的法制教育》，第174～175頁，第176頁，第180頁，中國政法大學出版社，2001年1月第1版。

位置的現象並不是孤立的，而是與整個中國近代「法政教育」的勃興有密切關聯。據宋方青先生研究，「在 20 世紀初經歷了快速發展的歷程，特別是 1905～1916 年間，從古代東方型的法律教育轉型爲近代西方型的法律教育，十年之中近代法律教育臻於鼎盛，成爲中國法律教育史上十分獨特的一個時期。中國近代獨立設置的法政學堂出現於 1904 年，自 1905 年以後，像雨後春筍般地出現在中國各地。1907 至 1909 年間，法科學堂數和學生數逐年攀升，法科學堂數從占學堂總數的 35.5%增加到 44.2%，法科學生數則從 1907 年的 43.3%迅速增加到 1909 年的 62.7%，直至 1916 年，法科學生數還占學生總數的 55.7%。法科學生佔了一半以上，這在中國法律教育史上是盛極一時的，這種專業結構在世界教育史上也是罕見的」。〔註 15〕可以說，北大的法科龐大的規模以及鼎盛的局面，並不決定於其學術水平本身的優勢，而是整個中國近代法政教育在大學內部的自然反映。

但是需要指出的是，清末蜂起的法政專門學校並不意味著中國現代法律教育的進步，恰恰相反，這樣一種超常規的發展是非常畸形的，「在一定意義上，可以說清末民初一枝獨秀的法政學堂是科舉教育在新的歷史條件下的演變，是科舉教育的繼續」。〔註 16〕宋方青先生認爲，「清末科舉制還來不及完成向現代文官考試制度的轉變，便於 1905 年被廢止。興學堂是廢科舉的直接原因，就高等教育層次的學堂而言，實際上廢科舉後興辦的學堂主要是法政學堂。清末開始興辦法政學堂是在 1905 年前後，廢科舉在 1905 年，幾乎是同步發生的歷史事件。兩者雖然並非直接的因果關係，但卻具有密切的關係。」〔註 17〕事實上，「當實行了 1300 年之久的科舉制被廢去之後，許多原先以科舉爲業的舉貢生監人員失去了舊有的進身之階，而其時恰逢清政府大力推行法政教育，於是人們將法政學堂看作是入仕新途，紛紛轉而進入法政學堂修習近代法律政治知識，以求畢業後謀得一職。而早期的法政學堂別科和速成科主要也是招收培訓舊有的科舉人才和已仕官員，各地原有舉人和貢生、生員成爲數量眾多的法政學堂的重要生源」。〔註 18〕

從這一點再來審視北京大學的法科，就會發現其對清末民初興起的法政

〔註 15〕宋方青：《中國近代法律教育探析》，《中國法學》，2001 年第 5 期。

〔註 16〕宋方青：《科舉革廢與清末法政教育》，《廈門大學學報》，2009 年第 5 期。

〔註 17〕宋方青：《科舉革廢與清末法政教育》，《廈門大學學報》，2009 年第 5 期。

〔註 18〕宋方青：《科舉革廢與清末法政教育》，《廈門大學學報》，2009 年第 5 期。

教育的反映不僅僅體現在規模和招生人數上，而且也體現在「學制」和「學風」上。郝鐵川先生在總結法政科留學生的特點時，就明確指出法政留學生「學者、官員集於一身的人士多」，「東西洋留學青年，學實業者寥寥，大抵皆法政家，謀歸國而得官」。而其「返國之初，往往以在大學教書爲進身之路。有學識與能力的，學而優則仕，無學識與能力的亦學而劣則仕。」〔註 19〕由此可知，在清末民初這一特定的歷史情境中，借求學而得官、從政的風氣甚囂塵上，但卻以「法政」這一學科爲最甚，「以法政爲官之利器，法校爲官所產生，腥膻趨附，熏獲並進」〔註 20〕，這是因爲「封建社會是儒士、官員集於一身的多，近代則轉變爲以法律特長而致仕」〔註 21〕。從這個意義上來看，所謂「以上大學爲晉升階梯」，正是「學而優則仕」的科舉遺毒，也是近代法政專門教育整體「以法政爲官職利器」的弊病。在「以法律特長而致仕」的這一近代中國特殊時代風氣中，北大法科實際上才是北大整體「官僚習氣」的眞正淵藪，而北大與官府、工商界盤根錯節的關係也必然以法科爲紐結。誠如陳顧遠所回憶的那樣，「法科有預科，原是從前清的譯學館演變而來，原譯學館畢業可有舉人資格，所以進入法律肄業者目的都是想做官。」〔註 22〕而蔡元培在《法政學報》週年紀念會的演說辭中指出：「那時兄弟聽說多數法政學生，不是抱求學的目的，不過想藉此取得資格而已。譬如法科學生，對於各種教員態度，就有種種不同。有一種教員，實心研究學問的，但是在政界沒有甚麼勢力，他們就看不起他。有一種教員，在政界地位甚高的，但是爲著做官忙，時常請假，講義也老年不改的，而學生們都要去巴結他呀。他們心中，還存著那科舉時代老師照應門生的觀念呀！」〔註 23〕由此也可以看出，蔡元培在《我在北京大學的經歷》中的對北大學生不良習氣的批評，在很大程度上就是針對「法科學生」。再考察當時的北大法科教師的情況，其雲集的正是郝鐵川先生所說的那種「學者、官員集於一身

〔註 19〕郝鐵川：《中國近代法學留學生與法制近代化》，《法學研究》，1997 年，第 6 期。

〔註 20〕竟明：《法政學校今昔觀》，轉引自姚琪《論清末民初法政學堂》，《華東師範大學學報》，2006 年第 3 期。

〔註 21〕郝鐵川：《中國近代法學留學生與法制近代化》，《法學研究》，1997 年，第 6 期。

〔註 22〕陳顧遠：《蔡校長對北大的改革與影響》，《我與北大——老「北大」話北大》，王世儒、聞笛編，第 204 頁，北京大學出版社，1998 年 4 月第 1 版。

〔註 23〕蔡元培：《〈法政學報〉週年紀念會演説辭》，《蔡孑民先生言行錄》，第 233 頁，第 234 頁，嶽麓書社，2010 年 1 月第 1 版。

的人士」。在蔡元培掌校之前，擔任北大法科學長（監督）的有林棨、王世澄、張祥麟、余棨昌和王建祖等人，其中林棨於 1912 年 5 月去職，就任北京政府教育部專門教育司司長。之後，「王世澄和張祥麟先後極短地代理過法政科學長。1913 年 2 月余棨昌任法商課學長，後因升任大理院庭長而於 1914 年元月辭職離校，由時任大理院推事的林行規兼任學長，直到 1915 年 11 月由王建祖接替此職。」〔註 24〕細看下來，絕大部分法科學長並非專門的學者，他們總是在大學短暫停留後躋身政界。北大法科畢業的陶希聖回憶，「就法律系來說，教我們書的原來都是留日的學生，現任大理院庭長、推事、總檢察廳的檢察官以及高等法院的庭長、推事等來教我們的課」〔註 25〕，而文科畢業生羅家倫的話顯然更爲直白，「法科則以官僚任教爲多，如余棨昌、張孝簃都是大理院廳長一流的官」〔註 26〕。這現象使得北大法科的正常的教學秩序往往受到干擾，如「1914 年羅馬法教員阮志道和憲法教員陳志安辭職後，就不得不聘請伍朝樞同時兼任這兩門課的講授」〔註 27〕。由此也可以看出，胡仁源所說的教員因「趨重官吏一途」而「鮮能久於其任」的問題，主要是指作爲「官僚養成所」的法科。從這個意義上來看，羅家倫等人所描述的北京大學從一個「封建思想」、「官僚習氣」濃厚的學府轉變成學術風氣濃烈的現代大學的過程顯得太過籠統，而蔡元培僅憑其「人格」使得北京大學「氣象一變」的說法也有過於浪漫化的嫌疑。

當然不可否認，「純粹研究學問之機關」是蔡元培改革北大的宗旨和目標。早在《就任北京大學校長演說詞》中，蔡元培就要求學生「抱定宗旨」：「諸君來此求學，必有一定宗旨，欲求宗旨之正大與否，必知大學之性質。今人肄業專門學校，學成任事，此固勢所必然。而在大學則不然。大學者，研究高深學問者也。」〔註 28〕在《北京大學開學式之演說》中，蔡元培再次

〔註 24〕王健：《中國近代的法制教育》，第 174～175 頁，第 176 頁，第 180 頁，中國政法大學出版社，2001 年 1 月第 1 版。

〔註 25〕陶希聖：《蔡先生任北大校長對近代中國發生的巨大影響》，《追憶蔡元培》，王世儒、聞笛編，第 200 頁，第 202 頁，北京大學出版社，1998 年 4 月第 1 版。

〔註 26〕羅家倫口述、馬星野筆記：《蔡元培時代的北京大學與五四運動》，《追憶蔡元培》，陳平原、鄭勇編，第 169 頁，第 174 頁，第 175 頁，第 192 頁，三聯書店，2009 年 4 月北京第 1 版。

〔註 27〕王健：《中國近代的法制教育》，第 174～175 頁，第 176 頁，第 180 頁，中國政法大學出版社，2001 年 1 月第 1 版。

〔註 28〕蔡元培：《就任北京大學校長演說詞》，《蔡孑民先生言行錄》，第 147 頁，第 149 頁，嶽麓書社，2010 年 1 月第 1 版。

指出：「大學爲純粹研究學問之機關，不可視爲養成資格之所，亦不可視爲販賣知識之所」。〔註 29〕在《〈北京大學月刊〉發刊詞》中，他又一次申明：「所謂大學者，非僅爲多數學生按時授課，造成一畢業生資格而已也，實以是爲共同研究學術之機關。」〔註 30〕可以說，蔡元培自就任北大校長始，就在多個場合、以多種形式（演說、發刊詞，等等）不厭其煩地申明北京大學的辦學宗旨，這一宗旨非常明確，即將北京大學改造成一個「純粹研究學問之機關」。

但需要指出的是，蔡元培所說的「純粹研究學問之機關」中的「純粹」二字，是有針對性的，可以說，「純粹」所指涉的並非「學問」內部的問題，而是「高深學問」與「應用之學」的問題。用蔡元培自己的話來說，這實際上意指著「學」與「術」的差別：「學與術雖關係至爲密切，而習之者旨趣不同。文、理，學也。雖亦有間接之應用，而治此者亦研究眞理爲的，終身以之。所兼營者，不過教授著述之業，不出學理範圍。法、商、醫、工，術也。直接應用，治此者雖亦可有永久研究之興趣。而及一程度，不可不服務於社會；轉以服務時之所經驗，促其術之進步。與治學者之極深研幾，不相侔也。」〔註 31〕對蔡元培來說，這種「學」與「術」的區分並不是平等的，而是有著鮮明的等級意味：「鄙人初意以學爲基本，術爲支幹，不可不求其相應。」〔註 32〕值得一提的是，這樣一種「學術分科」的主張在蔡元培教育總長任上主持《大學令》時就已經體現出來——他在強調大學要「教授高深學問，養成碩學閎才」的宗旨，就必然在清季「七科之制」的基礎上強調「大學以文理二科爲主」。〔註 33〕因爲在他看來，「文、理兩科，是農、工、醫、藥、法、商等應用科學的基礎，而和諧應用科學的研究時期，仍然要歸到文理兩科來。……完全的大學，當然各科並設，有互相關聯的便利。若無此能力，則

〔註 29〕蔡元培：《北京大學開學式之演説》，《蔡子民先生言行錄》，第 150 頁，嶽麓書社，2010 年 1 月第 1 版。

〔註 30〕蔡元培：《〈北京大學月刊〉發刊詞》，《蔡子民先生言行錄》，第 111 頁，第 112 頁，嶽麓書社，2010 年 1 月第 1 版。

〔註 31〕蔡元培：《讀周春岳君〈大學改制之商榷〉》，《蔡子民先生言行錄》，第 104 頁，第 105 頁，嶽麓書社，2010 年 1 月第 1 版。

〔註 32〕蔡元培：《讀周春岳君〈大學改制之商榷〉》，《蔡子民先生言行錄》，第 104 頁，第 105 頁，嶽麓書社，2010 年 1 月第 1 版。

〔註 33〕蔡元培：《大學令》，《蔡元培全集》（第 2 卷），第 283 頁，中華書局，1984 年 9 月第 1 版。

不妨有一大學專辦文理兩科，名為本科，而其他應用各科，可辦專科的高等學校，如德法等國的成例。以表示學與術的區別。」〔註 34〕按照這樣一種「學」、「術」之分，只有文理兩科屬於「高深學問」，而在北大盛極一時的法科則被列入了作為「術」的「應用諸科」。

由此可見，早在擔任民國教育總長之時，這樣一種學術分科的觀念，就已經貫穿到他對高等教育體制的宏觀設計之中。在《讀周春岳君〈大學改制之商榷〉》一文中，蔡元培就從整個高等教育通盤考慮，將「學」與「術」的區分體現為「大學」與「高等專門學校」之間的差別，所謂「治學者可謂之『大學』，治術者可謂之『高等專門學校』。」〔註 35〕如對於教師兼職與專職問題，他認為：「其在高等專門，則為歸集資料，實地練習起見，方且於學校中設法庭商場等雛形，則大延現任之法吏技師以教之，亦無不可。即學生日日懸畢業後之法吏技師以為的，亦無不可。」〔註 36〕但是，「在大學則必擇其以終身研究學問者為之師，而希望學生於研究學問以外，別無何等之目的。」〔註 37〕而對於學生求學的目的，他則認為：「果欲達其做官發財之目的，則北京不少專門學校：如法科者，盡可肄業法律學堂，如商科者，亦可投考商業學校，又何必來此大學？所以諸君須抱定宗旨，為求學而來。入法科者非為做官，入商科者非為致富。宗旨既定，自趨正軌。」〔註 38〕這裏需要強調的是，儘管蔡元培看似客觀公正地強調「兩者有性質之別，而不必有年限與程度之差」，並申明自身「沒有本校與他校的界限，常為之通盤打算，求其合理化」〔註 39〕。但考慮到他發表此文時已經是在北京大學校長任上，所以，他在對「學術分科」的所謂「通盤考慮」，實際也立足於北京大學自身，而這一

〔註 34〕蔡元培：《我在北京大學的經歷》，《我與北大——老「北大」話北大》，王世儒、聞笛編，第 48～49 頁，第 50 頁，58 頁，北京大學出版社，1998 年 4 月第 1 版。

〔註 35〕蔡元培：《讀周春岳君〈大學改制之商榷〉》，《蔡孑民先生言行錄》，第 104 頁，第 105 頁，嶽麓書社，2010 年 1 月第 1 版。

〔註 36〕蔡元培：《讀周春岳君〈大學改制之商榷〉》，《蔡孑民先生言行錄》，第 104 頁，第 105 頁，嶽麓書社，2010 年 1 月第 1 版。

〔註 37〕蔡元培：《讀周春岳君〈大學改制之商榷〉》，《蔡孑民先生言行錄》，第 104 頁，第 105 頁，嶽麓書社，2010 年 1 月第 1 版。

〔註 38〕蔡元培：《就任北京大學校長演說詞》，《蔡孑民先生言行錄》，第 147 頁，第 149 頁，嶽麓書社，2010 年 1 月第 1 版。

〔註 39〕蔡元培：《讀周春岳君〈大學改制之商榷〉》，《蔡孑民先生言行錄》，第 104 頁，第 105 頁，嶽麓書社，2010 年 1 月第 1 版。

理念最終轉化爲實踐的場域也必然是北京大學而非整個教育界。從這一角度再來審視，我們就會發現蔡元培對北京大學以「純粹研究學問之機關」爲歸趨的改革並非通盤、劃一的，在具體的實踐上，這種對學科「學」、「術」之別的區分起到了關鍵作用。事實上，蔡元培作爲北大校長所提出的「純粹研究學問之機關」的宗旨正是它一以貫之的教育主張，也是他所主持的《大學令》中「教授高深學問，養成碩學閎才」宗旨在北京大學這一場域的具體實踐。而同時在北大這一場域呈現的，也包括蔡元培那種「以文理二科爲主」的「學術分科」的理念。所以，結合北京大學各科具體的情形，蔡元培「純粹研究學問」的宗旨有著非常明顯的學科針對性，而那種「學術分科」的觀念也最終落實在對北大法科的貶抑和排斥之上。

與教育總長任上空疏地強調「大學以文理二科爲主」不同，蔡元培作爲校長對校內各科的態度顯得更爲明確和直接。如在就職演說中申明大學「研究高深學問」本旨的同時，蔡元培馬上就批評了北大法科與文理諸科的不平衡性問題：「故畢業預科者，多入法科，入文科者甚少，入理科者尤少。蓋以法科爲干祿之終南捷徑也。因做官心熱，對於教員，則不問其學問之淺深，惟問起官階之大小，官階大者，特別歡迎，蓋爲將來畢業有人提攜也。」。〔註40〕蔡元培對法科的不滿甚至蔑視不僅僅表現在就職演說這種正式場合，也表現在諸多私下場合：「兄弟兩年前到北京的時候，還受了外來的刺激，對於法政學生，還沒有看得起他。兄弟初到大學時，接見法科學生，也如此對他們說，那時兄弟聽說多數法政學生，不是抱求學的目的，不過想藉此取得資格而已。」〔註41〕更有意思的是，蔡元培在《進德會旨趣書》這樣談及「官吏議員二戒」：「官吏議員二戒，在普通社會或以爲疑，而大學則當然由此（法科畢業生例外），教育者專門之業，學問者終身之事。委身學校而縈情部院，用志不紛之謂何？且或在學生時代，營營於文官考試，律師資格，而要求提前保送，此其躁進與科舉時代之通關節何異？言之可爲痛心！」〔註42〕既強調「大學」場域相對於「普通社會」的特殊性，又特別交待出「法科畢業生

〔註40〕蔡元培：《就任北京大學校長演說詞》，《蔡孑民先生言行錄》，第147頁，第149頁，嶽麓書社，2010年1月第1版。

〔註41〕蔡元培：《〈法政學報〉週年紀念會演說辭》，《蔡孑民先生言行錄》，第233頁，第234頁，嶽麓書社，2010年1月第1版。

〔註42〕蔡元培：《北京大學之進德會旨趣書》，《蔡孑民先生言行錄》，第157頁，嶽麓書社，2010年1月第1版。

例外」，看似一種包容、通達，實際上是將大學法科與「純粹研究學問之機關」的根本宗旨嚴重對立。由此可知，不論蔡元培如何標榜自身對「大學」與「高等專門學校」的嚴格區分，最終都會導致「大學」內部各科按照「學」、「術」的標準重新定位。

按照過去的一般說法，蔡元培的「整頓從文科入手，因爲文科教員中頑固守舊的人物不少，是北大前進的障礙」〔註 43〕。蕭超然先生在編寫《北京大學校史》的時候也基本採用了這一看法：「他的改革首先從整頓文科入手，因爲文科教員中，頑固守舊的多，是北大前進的障礙，亟須尋找具有革新思想的人物來主持文科。」〔註 44〕事實上，這樣一種對北大改革的認識一直飽受質疑，如陳平原先生就認爲，「蔡元培掌校以前的北京大學文科，已有不少主張改革的教員，絕非只是『前進的障礙』」〔註 45〕。在我看來，《北京大學校史》中那種「守舊」與「革新」的理路只局限於蔡元培北大改革中的「文科」場域，它無法描述北大改革的整體情形。事實上，誰構成了北大改革「前進的障礙」，誰應該成爲入手改革的重點，其決定性因素應該是看蔡元培本人的教育理想、改革目標以及當時北京大學各科的具體的情形。如果蔡元培以「純粹研究學問之機關」確立爲北京大學的宗旨，那麼眞正對這種改革構成阻力的並非「守舊」的文科，而是作爲「應用諸科」之一、與官僚體制牽涉頗深的法科。誠如蔡元培自己所說：「又以吾國人科舉之毒太深，陞官發財之興味本易傳染。故文理諸生，亦漸漬於法商各科之陋習（治法工商者，本亦可有學術上之興會，其專以陞官發財爲的者，本是陋習）。而全校之風氣，不易澄清。」〔註 46〕在他眼中，「文理諸科」的墮落應歸因於「法商各科」，而後者被視爲整個北大校風墮落的源頭。

從這個意義上我們可以發現，蔡元培北大改革中一個非常重要的動議——「學術分校」實際上被既往的研究者所忽視了。蔡元培曾認爲：「北京大學各科以法科爲較完備，學生人數亦最多，具有獨立的法科大學之資格。惟現

〔註 43〕周培源：《蔡元培與北京大學》，《追憶蔡元培》，陳平原、鄭勇編，第 226 頁，三聯書店，2009 年 4 月北京第 1 版。

〔註 44〕蕭超然：《北京大學校史》，第 35 頁，第 54 頁，第 55 頁，第 57 頁，第 61 頁，北京大學出版社，1988 年 4 月第 1 版。

〔註 45〕陳平原：《觸摸歷史與進入五四》，第 131 頁，第 135 頁，北京大學出版社，2010 年 1 月第 1 版。

〔註 46〕蔡元培：《讀周春岳君〈大學改制之商榷〉》，《蔡孑民先生言行錄》，第 104 頁，第 105 頁，嶽麓書社，2010 年 1 月第 1 版。

在尙爲新舊章並行之時，獨立之預算案，尙未有機會可以提出，故暫從緩議，惟於暑假後先移設於預科校舍，以爲獨立之實驗。」〔註 47〕這一動議昭示出蔡元培非常獨特的教育改革思路，即將北京大學改造成一個「純粹研究學問之機關」，而這裏的學問僅僅包括「文理兩科」的「高深學問」，而「純粹」的意思即是將以法科爲代表的應用諸科排斥在大學場域之外，以矯正社會上「重實用而輕學理」的陋見。當然，蔡元培學術分校的動議最終未能完成，相反，在他掌校期間，北洋大學併入了北大，北大法科的辦學規模、招生人數不降反升，這種優勢一直在「五四新文化運動」之後也並未改變。

但是，「學術分校」動議的流產，並不意味著蔡元培教育主張的失敗。作爲一校之長，蔡元培多次在公開及私下場合對法科的嚴厲批評本身就會成爲一種學風的導向。可以說，當時北大出現的學生從法科轉入文科的情形，就是這種學風導向的結果。如王崑崙的回憶，「我十六歲那年考進了北京大學，開學第二個禮拜我拿了一個請求由法科改文科的呈文去見蔡校長，我申述了許多理由，因爲平常改科是一件不容易受允許的事。但他不等我說完就答應了」〔註 48〕。爲學生從法科轉出人開方便之門，本身就意味著蔡元培仍在利用自己的權力和威望促成對法科勢力的削弱。

歸根結底，我們說法科在北京大學的地位降低，也並不是指其辦學規模的縮減和招生數量的減少。事實上，指蔡元培以「純粹研究學問」的名義在北京大學建立起一個新的對各科評價的標準，在這樣一種新的標準之下，學科之間地位的高低已經不再決定於辦學的規模、招生的數量，而是決定於「學問」本身的「純粹」與否。所以，「法科」地位大大降低，因爲一旦蔡元培將北大標識爲一個「純粹研究學問之機關」，那麼作爲「術」的法科也就不再視爲一種「高深學問」，它喪失了在大學中存在合法性：「大學中唯一的價值標準是學術，誰在學術上有貢獻，誰就受到尊敬」，正因爲此，「混資格準備做官的思想逐漸沒有了，新的學風樹立起來了。」〔註 49〕正是從這個意義上來

〔註 47〕蔡元培：《我在北京大學的經歷》，《我與北大——老「北大」話北大》，王世儒、聞笛編，第 48～49 頁，第 50 頁，58 頁，北京大學出版社，1998 年 4 月第 1 版。

〔註 48〕王崑崙：《五四紀念憶蔡孑民先生》，《歷史記憶與歷史解釋——民國時期名人談五四》第 378 頁，楊琥編，福建教育出版社，2011 年 1 月第 1 版。

〔註 49〕馮友蘭：《我所認識的蔡元培先生》，原載《人民日報》（海外版），1988 年 1 月 9 日。

講，那種以法科爲源頭的「封建思想」、「官僚習氣」不再主導北大整體的學風，以至法科畢業生陶希聖都承認：「當時北大學生與政客和軍閥，在蔡先生的教導下分家了。也可以說北京大學這一風氣的改變，把當時北洋軍閥和政客的社會基礎給打壞了。」〔註 50〕

二

由上文可知，蔡元培一再強調北京大學以「純粹研究學問」爲宗旨，對隸屬於「術」的層面的「法科」有極大的針對性，因爲欲將北大改造成「純粹研究學問之機關」，就必須對被稱之爲「官僚養成所」的「法科」予以排斥或貶抑。但由於在學風上與「法科」有明顯差別，因此「純粹研究學問」這一宗旨對「文科」而言卻有著完全不同的意義。與「法科」相比，文科教師多專任，且其學術化取向在蔡元培掌校之前就已經啓動：「嚴復抵制政府擬停辦北大的意圖，同時厲行改革，捨經科而爲文科，桐城學者在北大文科開啓學術化取向；後又有章門弟子同人入主北大文科，進一步推動北大學術化發展，使北大在國內確立舉足輕重的位置。」〔註 51〕所以，蔡元培將北大標識爲「純粹研究學問之機關」，一方面貶抑了作爲「應用之學」的「法科」，但另一方面也必然擡升作爲「學術重鎮」的文科：「既然認定大學是研究學理的機關，對於純粹學理的文理科，自當完全的建設。」〔註 52〕但需要指出的是，以「純粹研究學問」爲旨歸導致的文科地位的擡升，只是具有相對性，它毋寧說是「法科」地位因此下降的客觀結果。因爲，既然北大文科的「學術化取向」在蔡元培掌校之前就已經啓動，並「在國內確立舉足輕重的位置」，那麼再按照法科的標準將「純粹研究學問」理解爲蔡元培「整頓」文科的目標，就顯得有些畫蛇添足且毫無意義。

事實上，對北京大學文科而言，所謂「純粹研究學問」的宗旨只是其改革的起點和前提，而蔡元培所預期的改革目標卻並非拘囿於「學術」範疇，

〔註 50〕陶希聖：《蔡先生任北大校長對近代中國發生的巨大影響》，《追憶蔡元培》，王世儒、聞笛編，第 200 頁，第 202 頁，北京大學出版社，1998 年 4 月第 1 版。

〔註 51〕陳方競：《多重對話：中國新文學的發生》，第 80 頁，人民文學出版社，2003 年 7 月北京第 1 版。

〔註 52〕蔡元培：《北京大學二十二週年開學式之訓詞》，《蔡孑民先生言行錄》，第 153 頁，第 154 頁，嶽麓書社，2010 年 1 月第 1 版。

也並非他所標榜地那麼「純粹」。前文我們曾經論及，北京大學「純粹研究學問」的所謂「純粹」問題，實際上是相對法科等應用諸科而言。但是如果從文科視域來看，北大文科存在的根本問題並非其「學術研究」不夠「純粹」，恰恰相反，「文科」研究的學問甚至過於「純粹」了，「純粹」到其恪守的傳統治學範式喪失了把握當下社會現實的能力。就當時的社會而言，思想文化界處於一種極爲慘淡的局面。胡適在《歸國雜感》中慨歎：「上海的出版界——中國的出版界——這七年來簡直沒有兩三部以上可看的書！不但高等學問的書一部都沒有，就是要找一部輪船上火車上消遣的書，也找不出！」〔註53〕面對這樣一種情形，作爲全國「學術重鎭」的北京大學文科依然在恪守傳統學術研究的模式，無論它的治學成果如何「藏之名山，傳諸其人」，都無力改變民初思想界萬馬齊喑的慘淡局面。正是這一點，導致了當時的北大文科處於一種非常尷尬的處境中，一方面，它是全國性的「學術重鎭」，而另一方面，它卻是「人們都不清楚究竟是幹什麼」的「最冷的冷門」〔註54〕。而綜觀蔡元培改革的目標及其結果，正是對這一「冷門」局面的改變，在蔡元培改革過程中，「文科」不僅在北大諸科中佔據了中心位置，而且還獲得了極大的社會影響力，這一點不必說被貶抑的「法科」無法望其項背，就算與其同屬「高深學問」的「理科」也望塵莫及。

從這一點來看，「純粹研究學問」的旨歸顯然無法解釋蔡元培對文科的改革，恰恰相反，文科之所以有改革，正是因爲蔡元培對「學問」本身的看法與北大文科傳統的治學範式有分歧，或者說，他對北大文科由桐城派啓動的「學術化」取向並不認同。在蔡元培看來，「研究學理，必要有一種活潑的精神，不是學古人『三年不窺園』的死法能做到的。」〔註55〕與桐城派和章門弟子相比，這種學術態度顯然更有現實性和開放性：「大凡研究學理的結果，必要影響於人生。倘沒有養成博愛人類的心情，服務社會的習慣，不單印證的材料不完全，就是研究的結果也是虛無。」〔註56〕蔡元培曾提倡辦研究所，

〔註53〕胡適：《歸國雜感》，《胡適文存》（卷4），第39頁，黃山書社，1996年版。

〔註54〕馮友蘭：《我所認識的蔡元培先生》，原載《人民日報》（海外版），1988年1月9日。

〔註55〕蔡元培：《北京大學二十二週年開學式之訓詞》，《蔡孑民先生言行錄》，第153頁，第154頁，嶽麓書社，2010年1月第1版。

〔註56〕蔡元培：《北京大學二十二週年開學式之訓詞》，《蔡孑民先生言行錄》，第153頁，第154頁，嶽麓書社，2010年1月第1版。

以使得「大學生們感覺到在課本之外還有需要自己研究的學問」〔註 57〕，而在掌校期間，「他更以廣大的態度，集合了當代許多學者，在那裏研究討論哲學、文學、人生以及各種社會問題」〔註 58〕。所以，從文科視域觀照蔡元培在北大的改革，即是探討蔡元培這種「學問觀」的具體內涵及其與北大文科傳統治學範式的區別，並由此把握它在改革中具體的實踐意義和歷史效果。

在我看來，如欲窺破蔡元培所謂「研究學問」北大文科改革中的具體內涵，那麼著眼於「思想自由、兼容並包」這一教育主張的探討是極有必要的。事實上，所謂「思想自由、兼容並包」本身就是一個相對籠統的說法，它並不具有思想上的完整性和系統性，蔡元培提及有關「思想自由、兼容並包」的言論，都有特定的身份，且在不同的時間場合，其措辭和具體的意義也多有不同。在《蔡元培先生言行錄》一書中，「思想自由」說法最早出現於 1912 年的《對教育方針之意見》，在這篇文章的核心部分是「超軼政治」的「世界觀教育」和「美育」，而所謂「思想自由」只是隸屬於「世界觀教育」的宏觀範疇：「循思想自由言論自由之公例，不以一流派之哲學一宗門之教義梏其心，而惟時時懸一無方體無始終之世界觀以爲鵠。」〔註 59〕作爲民國首任民國教育總長，蔡元培此時的教育主張更多是一種宏觀意義上的設想，而所謂「思想自由」也更多是一種「形而上」的教育理想，其本身尚未有明確的現實針對性和具體的實踐意義。而與《對教育方針之意見》不同，蔡元培於 1917 年以北大校長身份撰寫的《〈北京大學月刊〉發刊詞》再度提及「思想自由」，就有了非常明確的指涉對象：「各國大學，哲學之惟心論與惟物論，文學美術之理想派與寫實派，計學之干涉論與放任論，倫理學之動機論與功利論，宇宙之樂天觀與厭世觀，常樊然並峙於其中：此思想自由之通則，而大學之所以爲大也。」〔註 60〕也正是在這篇發刊詞中，「兼容並收」的提法第一次出現，而「兼容並收」的主體則被蔡元培表述爲「吾校」，即北京大學。由此可以說，

〔註 57〕蔡元培：《〈北京大學月刊〉發刊詞》，《蔡孑民先生言行錄》，第 111 頁，第 112 頁，嶽麓書社，2010 年 1 月第 1 版。

〔註 58〕羅家倫：《新文化運動的時代和影響》，《歷史記憶與歷史解釋 —— 民國時期名人談五四》，第 28 頁，第 29 頁，楊琥編，福建教育出版社，2011 年 1 月第 1 版。

〔註 59〕蔡元培：《對教育方針之意見》，《蔡孑民先生言行錄》，第 94 頁，嶽麓書社，2010 年 1 月第 1 版。

〔註 60〕蔡元培：《〈北京大學月刊〉發刊詞》，《蔡孑民先生言行錄》，第 111 頁，第 112 頁，嶽麓書社，2010 年 1 月第 1 版。

「兼容並收」乃是一項具體的教育措施，它使得蔡元培「思想自由」的教育理想在北大這一場域中獲得了實踐意義。當然，我們今天通行的所謂「思想自由、兼容並包」的表述更多是引自那封影響甚大的《答林琴南君函》:「仿世界各大學通例，循『思想自由』原則，取兼容並包主義……無論有何種學派，苟其言之成理，持之有故，尚不達自然淘汰之運命者，雖彼此相反，而悉聽其自由發展。」〔註 61〕但是，蔡元培此函是爲答覆林紓對北大的指責，他在這裏提出的「思想自由、兼容並包」只是將《〈北京大學月刊〉發刊詞》中的表述「抄奉一覽」而已。所以相比而言，蔡元培在《〈北京大學月刊〉發刊詞》對「思想自由、兼容並收」的論述最能完整體現出他教育主張實踐意義，也最有利於我們探討他在北京大學具體的改革思路。

綜觀《發刊詞》全文，蔡元培提出「思想自由、兼容並收」教育主張是針對大學內非常具體的問題，即「破學生專己守殘之陋見」。事實上，蔡元培在校長任上對「學生專己守殘之陋見」的批評是非常頻繁的，並不比他對「官僚習氣」的批評更少。在《北京大學開學式之演說》中，他就提醒學生「萬不可有專己守殘之陋見」。〔註 62〕而在《發刊詞》中，他將「月刊」本身視爲一個「破學生專己守殘之習」的工具，「有月刊以網絡各方面之學說，庶學者讀之，而於專精之餘，旁涉種種有關係之學理，庶有以祛其偏狹之意見，而且對於同校之教員及學生，皆有交換知識之機會，而不至於隔閡矣。」〔註 63〕不可否認，蔡元培破除「專己守殘之陋見」首先是著眼於北大整體，其解決之道也是從對課程的通盤調整入手：「一年以來，於英語外，兼提倡法德俄意等國語，及世界語；於舊文學外，兼提倡本國近世文學，及世界新文學；於數理化等學外，兼徵集全國生物標本，並與法京『巴斯德生物學院』協商設立分院。」〔註 64〕在這裏，蔡元培希望的是打破學科之間的畛域，做到各科之間的相互貫通。但誠如前文論述過的，蔡元培眼中的「高深學問」並不包括法科這類應用諸科，所以他所謂的各科之間的貫通，實際上更多是指文理

〔註 61〕蔡元培：《答林琴南君函》，《蔡子民先生言行錄》，第 165 頁，嶽麓書社，2010 年 1 月第 1 版。

〔註 62〕蔡元培：《北京大學開學式之演說》，《蔡子民先生言行錄》，第 150 頁，嶽麓書社，2010 年 1 月第 1 版。

〔註 63〕蔡元培：《〈北京大學月刊〉發刊詞》，《蔡子民先生言行錄》，第 111 頁，第 112 頁，嶽麓書社，2010 年 1 月第 1 版。

〔註 64〕蔡元培：《北京大學開學式之演說》，《蔡子民先生言行錄》，第 150 頁，嶽麓書社，2010 年 1 月第 1 版。

兩科而言，「近並鑒於文科學生輕忽自然科學，理科學生輕忽文學哲學之弊，為溝通文理兩科之計劃。望諸生亦心知其意，毋涉專己守殘之習也。」〔註 65〕他眞正的想法是文理兩科合併，「破除文、理兩科之界限，而合組爲大學本科」〔註 66〕。由此可知，所謂「專己守殘之習」實際上是個學術內部的問題，它針對的只有作爲「高深學問」的「文理二科」。

但如果我們再進一步探究，便會發現蔡元培所所說的「專己守殘之習」在文科中更爲明顯，他在《發刊詞》中這樣描述此一陋習：「以學校爲書院，媛媛姝姝，守一先生之言而排斥其他」〔註 67〕，這裏所提及的「書院」傳統似乎更多指涉著恪守傳統學術範式的北大文科。而在具體闡釋「思想自由」主張時，蔡元培寫道：「聞吾校有近世文學一科，兼治宋元以後之小說曲本，則以爲排斥舊文學，而不知周秦兩漢文學，六朝文學，唐宋文學，其講座固在也；聞吾校之倫理學，用歐美學說，則以爲廢棄國粹，而不知哲學門中，於周秦諸子，宋元道學，固亦爲專精之研究也；聞吾校延聘講師，講佛學相宗則以爲提倡佛教，而不知此不過印度哲學之一支，藉以資心理學論理學之印證，而初無與宗教，並不破思想自由之原則也。論者知其一而不知其二，則深以爲怪，今有月刊以宣佈各方面之意見，則校外讀者，當亦能知吾校兼容並收之主義，而不至以一道同風之就見相繩矣。」〔註 68〕這段話中所提及的文學、倫理學、佛學等，皆爲北大文科範疇，由此也約略反映出蔡元培在潛意識中將文科作爲其「破專己守殘之習」、提倡「思想自由」的主要場域。而更爲明顯的是，蔡元培在《答林琴南君函》中再次言及「思想自由、兼容並包」，也正是出於維護被攻擊的北大文科。

事實上，北京大學文科成爲「專己守殘之習」的主要場域是有原因的：文科與理科雖同爲「高深學術」，但是當時的北大文科更多承襲了中國傳統的治學路徑，與理科對科學眞理的探討不同，它更多是以保存國粹、延續道統、傳承文明爲歸趨。北京大學首任校長嚴復在論及大學宗旨時指出：「大學固以

〔註 65〕蔡元培：《北京大學開學式之演說》，《蔡孑民先生言行錄》，第 150 頁，嶽麓書社，2010 年 1 月第 1 版。

〔註 66〕蔡元培：《對傅斯年來函的案語》，《蔡元培全集》第 3 卷，第 194 頁，中華書局，1984 年 9 月第 1 版。

〔註 67〕蔡元培：《〈北京大學月刊〉發刊詞》，《蔡孑民先生言行錄》，第 111 頁，第 112 頁，嶽麓書社，2010 年 1 月第 1 版。

〔註 68〕蔡元培：《〈北京大學月刊〉發刊詞》，《蔡孑民先生言行錄》，第 111 頁，第 112 頁，嶽麓書社，2010 年 1 月第 1 版。

造就專門矣，而宗旨兼保存一切高尚之學術，以崇國家之文化。」〔註 69〕在大學內部，這種「保存一切高尚之學術」是與「分科之制」密切相關的：「國家建立大學，其宗旨與中小高等各學校不同。中小高等皆造就學生之地，今日革新方亟，舊學既處於劣敗之地，勢難取途人而加以強聒，顧於省都大學，似不妨略備各重要主科，以示保存之意。全國之大，必有好古敏求之士，從而爲之者。即使嚮往無人，亦宜留此一線不絕之傳」。〔註 70〕考慮到當時的歷史情境，北京大學各科中眞正能夠「保存舊學」的也只有作爲「學術重鎭」的「文科」，一個不容忽視的事實也就在於，發表此番言論的校長嚴復也在同時兼任文科學長。當然不只是嚴復，這種保存國粹、延續道統、傳承文明的歸趨在先後執掌北大文科的桐城派和章門弟子身上同樣得到了充分的反映。桐城派的代表人物、曾在北大文科任教的林紓認爲「大學爲全國師表，五常之所繫屬」，他在後來著名的《至蔡鶴卿太史書》中希望作爲校長的蔡元培「以守常爲是」，因爲「名教之孤懸，不絕如縷，實望我公爲之保全而護惜之」〔註 71〕。而章門弟子雖然對林紓乃至整個桐城派都頗多微詞，但是他們的爭論仍舊是傳統學派之間的內部爭論，而對學術傳統本身並沒有分歧。章太炎本人曾在《獄中自記》中寫道：「上天以國粹付余，自炳麟之初生迄於今茲，三十有六歲。鳳鳥不至，河圖不出；惟余亦不任宅其位，繫素王素臣之迹是踐。豈眞抱殘守缺而已，又將官其財物，恢明而光大之。懷未得遂，累於仇國。惟金火相革，則尤有繼述者。至於支那閎碩壯美之學，而遂斬其統緒，國故民紀絕於余手，是則余之罪也！」〔註 72〕對他而言，「個人的生死，關係國學的存亡」〔註 73〕。這樣一種治學觀念顯然對以黃侃爲代表的「守舊」弟子產生了深遠影響。由此可見，桐城派和章門弟子之間雖多有矛盾，但他們的區別主要是在具體的治學門徑上，而其保存國粹、延續道統、傳承文明的本旨

〔註 69〕嚴復：《論北京大學校不可停辦說帖》，轉引自蕭超然《北京大學與五四運動》，第 23～25 頁，北京大學出版社，1995 年 12 月第 1 版。

〔註 70〕嚴復：《論北京大學校不可停辦說帖》，轉引自蕭超然《北京大學與五四運動》，第 23～25 頁，北京大學出版社，1995 年 12 月第 1 版。

〔註 71〕林紓：《致蔡鶴卿書》，《林紓研究資料》，薛綏之、張俊才編，第 86 頁，福建人民出版社，1986 年 6 月第 1 版。

〔註 72〕章太炎：《癸卯獄中自記》，《章太炎全集》第 4 冊，第 144 頁，上海人民出版社出版，1985 年 2 月第 1 版。

〔註 73〕陳子展：《最近三十年中國文學》，第 99 頁，上海古籍出版社，2000 年 12 月第 1 版。

卻有很大的一致性。這也使得他們中的許多人都在後來的新文化運動中成爲堅定的反對派。

可以說，這種以「保存國粹」爲宗旨的學術傳統本身就蘊含著「專己守殘」的危險性，對傳統的北大文科學者而言，「國粹」不可能是一個客觀的「研究對象」，而是被視爲終極眞理和永恒價值予以保存和捍衛。誠如羅家倫所說：「以前我們對於中國的文化，只有感情的擁護，是不能批評、不容估價的。」〔註 74〕這樣一種對傳統的態度看似充滿了「神聖性」，但實則充滿了矛盾，因爲在具體的學術研究中，學者對「終極眞理」和「永恒價值」的捍衛往往並未落實在「眞理」和「價值」本身上面，而是落實在具體的「人」上。誠如傅斯年所說，以此爲歸趨的學術也必然成爲「以人爲單位」的「家學」——「家學者，所以學人，非所以學學也」。他非常尖銳地指出：「縱有以學科不同而立宗派，猶是以人爲本，以學隸之。未嘗以學爲本，以人隸之。弟子之於師，私淑者之於前修，必盡其師或前修之所學，求其具體。師所不學，弟子亦不學；師學數科，弟子亦學數科；師學文學，則但就師所習之文學而學之，師外之文學不學也；師學玄學，則但就師所習之玄學而學之，師外之玄學不學也。無論何種學派，數傳之後，必至黯然寡色，枯槁以死；誠以人爲單位之學術，人存學舉，人亡學息，萬不能孳衍發展，求其進步。」〔註 75〕可以說，無論是桐城派，還是章門弟子中的保守派，都可以納入這種「以人爲單位」的「家學」範疇，這一點在章門弟子在北大文科中取代桐城派的過程中體現的淋漓盡致。據沈尹默回憶：「太炎先生門下大批湧進北大以後，對嚴復手下舊人則採取一致立場，認爲那些老朽應當讓位，大學堂的陣地應當有我們來佔領。我當時也是如此想。」〔註 76〕而當時的預科學長胡仁源曾感歎：「現在好了，來了太炎先生的學生，三十歲，年紀輕」，「言下之意，對北大的那些老先生可以不理會了」。〔註 77〕他們之間的爭執並非現代意義上的「學術論爭」，而是傳統的「門戶之爭」，這種「門戶之爭」體現出中國傳統的「家學」

〔註 74〕羅家倫：《新文化運動的時代和影響》，《歷史記憶與歷史解釋 —— 民國時期名人談五四》，第 28 頁，第 29 頁，楊琥編，福建教育出版社，2011 年 1 月第 1 版。

〔註 75〕傅斯年：《中國學術思想界之基本誤謬》，《新青年》第 4 卷第 4 號。

〔註 76〕傅斯年：《中國學術思想界之基本誤謬》，《新青年》第 4 卷第 4 號。

〔註 77〕沈尹默：《我和北大》，《我與北大 —— 老「北大」話北大》，王世儒、聞笛編，第 71 頁，北京大學出版社，1998 年 4 月第 1 版。

與現代高等教育體制的扞格，它不僅不能導致學術研究的多元與豐富，反而會導致類似「章氏之學興，而林紓之學熸」〔註 78〕的局面。

由此可知，北大文科舊有的治學範式實際上勾連著傳統的「家學」，即蔡元培自己所說的，「吾國承數千年學術專制之積習，常好以見聞所及，持一孔之論」〔註 79〕。從這個意義上來說，蔡元培與北大文科傳統治學範式的分歧並不在於知識譜系的差別和思想觀念的新舊，而是對那種「以人爲單位的學術」的反對——「他極力反對學校內或校際間有派系。他認爲只能有學說的宗師，不能有門戶的領袖」〔註 80〕。所以對作爲北大校長的蔡元培來說，其「思想自由、兼容並收」主張的旨歸就在於破除那種以北大文科爲代表的「專己守殘之陋見」，而所謂「破專己守殘之陋見」的具體措施，就在於打破那種「以人爲單位」的「家學」模式。

這一點，充分體現在蔡元培對北京大學師生關係的調整和變更上。在《〈北京大學月刊〉發刊詞》中，蔡元培提出：「所謂大學者，非僅爲多數學生按時授課，造成一畢業生資格而已，實以是爲共同研究學術之機關。」〔註 81〕這裏所謂的「共同研究」，實際上將學生作爲「研究主體」的地位樹立起來，「諸君研究高深學問，自與中學高等不同，不惟恃教員講授，尤賴一己潛修。」〔註 82〕而與此同時，教師那種「傳道、授業、解惑」的傳統職能也已經被大大淡化：「諸君須知大學，並不是販賣畢業的機關，也不是灌輸固定知識的機關，而是研究學理的機關。……不是硬記教員講義，是在教員指導下自動的研究學問的。」〔註 83〕這實際上對大學中任教的教師提出了更大的挑戰，爲救「學課之淩雜」，蔡元培要求「在延聘純粹之學問家，一面教授，一面與學生共同

〔註 78〕陳子展：《最近三十年中國文學》，第 99 頁，上海古籍出版社，2000 年 12 月第 1 版。

〔註 79〕蔡元培：《〈北京大學月刊〉發刊詞》，《蔡孑民先生言行錄》，第 111 頁，第 112 頁，嶽麓書社，2010 年 1 月第 1 版。

〔註 80〕羅家倫口述、馬星野筆記：《蔡元培時代的北京大學與五四運動》，《追憶蔡元培》，陳平原、鄭勇編，第 169 頁，第 174 頁，第 175 頁，第 192 頁，三聯書店，2009 年 4 月北京第 1 版。

〔註 81〕蔡元培：《〈北京大學月刊〉發刊詞》，《蔡孑民先生言行錄》，第 111 頁，第 112 頁，嶽麓書社，2010 年 1 月第 1 版。

〔註 82〕蔡元培：《就任北京大學校長演說詞》，《蔡孑民先生言行錄》，第 147 頁，第 149 頁，嶽麓書社，2010 年 1 月第 1 版。

〔註 83〕蔡元培：《北京大學二十二週年開學式之訓詞》，《蔡孑民先生言行錄》，第 153 頁，第 154 頁，嶽麓書社，2010 年 1 月第 1 版。

研究」〔註 84〕，而這裏所指的「純粹之學問家」顯然不是傳統的治學者，他們「不但是求有學問的，還要求於學問上很有研究的興趣，並能引起學生的研究興趣的」〔註 85〕。正是按照這樣一種標準，像梁漱溟、周作人這類在學術上的後起之秀才有機會登上由「老先生」把持的北京大學講臺。這樣一種新的師生關係與那種取締了「人」作爲「學術」單位的合法性，正因爲此，蔡元培的改革與章門弟子取代桐城派的門戶更替有著根本的區別——蔡元培雖則找到了「具有革新思想的人物來主持文科」〔註 86〕，但並沒有因此而辭退那些所謂「頑固守舊」的教員，類似「章氏之學興，而林紓之學熸」的局面並沒有在蔡元培時代的北大文科再次上演。

事實上，蔡元培對「專己守殘之陋見」的批評涉及到大學對「傳統」的態度，而這一態度實際上與「學術自由」的形成密切相關。北大文科這樣一種傳統的治學路徑，看似保存國粹、延續道統，但是實際上並不符合現代大學的精神，與其說他是一種知識生產體系，但不如說是一種價值維護，美國學者愛德華·希爾斯就認爲：「如果大學被認爲是這樣一個機構，它傳播的是無可置疑的眞理，這些絕不可能在不降低其眞實性的情況下對其進行完善、修正或更改，那麼，指導教師活動的規範必然要使每個教師完全放棄批判性的學術努力，並將它們限定在對已被接受爲眞理的東西的重複上。」〔註 87〕而在希爾斯的論述中「不存在終極眞理」恰恰是「學術自由」的前提，如果要實現眞正的「學術自由」，則必須「將所有這些傳統視爲都有待完善。這些完善無法在任何確定的程度上預知。因此，在任何時候對什麼是正確的都有一個公認的無法確定的範圍。」〔註 88〕結合這一點，再來審視北京大學文科這個具體的場域，蔡元培提出並踐行的「思想自由」，實際就是「研究學理」的「學術自由」，——「學者個人根據自己的學術傾向和學術標準從事教學、

〔註 84〕蔡元培：《致總統府禮官處函》，《蔡元培全集》（第 2 卷），第 11 頁，中華書局，1984 年 9 月第 1 版。

〔註 85〕蔡元培：《北京大學二十二週年開學式之訓詞》，《蔡孑民先生言行錄》，第 153 頁，第 154 頁，嶽麓書社，2010 年 1 月第 1 版。

〔註 86〕蕭超然：《北京大學校史》，第 35 頁，第 54 頁，第 55 頁，第 57 頁，第 61 頁，北京大學出版社，1988 年 4 月第 1 版。

〔註 87〕愛德華·希爾斯〔美〕：《學術的秩序——當代大學論文集》，第 276 頁，商務印書館，2007 年 1 月第 1 版。

〔註 88〕愛德華·希爾斯〔美〕：《學術的秩序——當代大學論文集》，第 276 頁，商務印書館，2007 年 1 月第 1 版。

研究的自由、通過言論和寫作、出版著作等形式在學術活動中支持他們基於研究證明是眞實的觀點的自由。」〔註 89〕基於此，我們再來審視蔡元培「純粹研究學問」的宗旨，就會發現其在文科中的實踐有著與法科完全不同的意義。對法科而言，所謂「研究學問」的重心是在「學問」，是要排斥作爲「術」的「法科」；但是對文科來說，「研究學問」的重心則是在「研究」二字。對蔡元培而言，「研究」實則意味著治學者對現代科學方法的把握。蔡元培歷來主張「破除文、理兩科之界限」，而如果從文科視域來審視這種「文理合科」的主張，就會發現：理科之於文科，並非作爲一種擴充的研究對象，而是一套「科學」的研究方法：「治哲學者，不能不根據科學，即文學、史學，亦莫不然。不特文學、史學近皆用科學的研究方法也」。〔註 90〕這樣一種科學的研究方法，使得「研究者」確立了自身的主體地位，它強調的不是對人的尊崇，而是強調對科學方法的掌握：「不但世界的科學取最新的學說，就是我們本國固有的材料，也要用新方法來整理他。」〔註 91〕這樣一種「科學方法」的引入，從根本上顚覆了文科學術傳統中對「保存國粹」的迷思，使「國粹」喪失了與「道統」、「文明」同質關係，在蔡元培眼中，它只是一個客觀的「研究對象」，即「要用新方法來整理」的「本國固有的材料」〔註 92〕。正是在這個意義上，蔡元培才會在《〈北京大學月刊〉發刊詞》中如此表達自己「研究學問」的看法：「研究也者，非徒輸入歐化，而必於歐化之中爲更進之發明；非徒保存國粹，而必以科學方法，揭國粹之眞相。」〔註 93〕在這樣一種新的研究範式中，「道統傳承」轉變成了現代意義上的「眞理探討」，它打破了那種與現代教育精神不相契合的「家學」，而將學者個人確立爲獨立的「研究主體」，即如羅家倫所說：「我們用科學態度，現代的眼光，來分別何者爲精華，而有保存之價值；何者爲糟粕，應當予以淘汰。以前認爲天經地義的聖經賢

〔註 89〕愛德華・希爾斯〔美〕：《學術的秩序——當代大學論文集》，第 276 頁，商務印書館，2007 年 1 月第 1 版。

〔註 90〕蔡元培：《對傅斯年來函的案語》，《蔡元培全集》第 3 卷，第 194 頁，中華書局，1984 年 9 月第 1 版。

〔註 91〕蔡元培：《北京大學二十二週年開學式之訓詞》，《蔡孑民先生言行錄》，第 153 頁，第 154 頁，嶽麓書社，2010 年 1 月第 1 版。

〔註 92〕蔡元培：《北京大學二十二週年開學式之訓詞》，《蔡孑民先生言行錄》，第 153 頁，第 154 頁，嶽麓書社，2010 年 1 月第 1 版。

〔註 93〕蔡元培：《〈北京大學月刊〉發刊詞》，《蔡孑民先生言行錄》，第 111 頁，第 112 頁，嶽麓書社，2010 年 1 月第 1 版。

傳，現在卻要用科學的度量衡來重新估價了。」〔註 94〕

「家學」傳統的打破，「學術自由」的生成，使得北大文科的研究範圍得到了巨大的擴充，許多被「道統」所排斥、壓抑的異端學說堂而皇之地進入了北京大學文科。這裏要強調的是，這些湧入北大的學術並非僅指新學，也包括「舊學」，這其中最典型的例子莫過於北大文科「戲曲研究」的興盛。「戲曲」是典型的「舊學」範疇，但是在以保存國粹、延續道統爲宗旨的「家學」中卻被視爲「不登大雅之堂」，「清朝大學堂時代，圖書館中曾有許多詞曲書，給監督劉廷琛看作淫詞豔曲，有傷風化，一把火都燒了。」〔註 95〕但是在蔡元培時代，「請了劇曲專家吳梅來作國文系教授，國文研究所中又大買起詞曲書來。豈但收羅詞曲而已，連民間的歌謠也登報徵集起來了，天天在《北大日刊》上選載一兩首，絕不怕這些市井猥鄙的東西玷污了最高學府的尊嚴。」〔註 96〕以「學術自由」的名義，「道統」和「異端」都是作爲一種學術研究的對象而存在，學術內部的知識等級秩序被打破了，這使得北大文科的研究視野大大拓寬了。

正是在這樣一個更自由的學術場域中，北京大學文科才有可能出現了「新文學」與「舊文學」的對峙。這種對峙和桐城派與章門弟子之間的「門戶之爭」卻有著根本的區別，前者實際上是以北大文科這一場域的多元化爲前提，它不僅不是「門戶之爭」，而且恰恰是北大文科 「門戶」自身瓦解、分化的產物。就此來說，有兩個事件頗具標誌性意義。第一是北大文科的章門弟子中的教師輩中有人轉向了新文化，如錢玄同開始附和「文學革命」，而沈尹默也開始寫白話新詩，兩人都成爲了新派《新青年》的輪值編輯。與初來北大時對嚴復舊人「採取一致立場」不同，章門弟子此時已不再是一個整體的「學派」，如錢玄同和黃侃就已經分屬不同的文化陣營，他們各有不同的主張且多有爭執。這實際上表明，那種「以人爲單位之學術」在很大程度上被打破了，北大文科已經從一尊的門戶轉化成了多元化的學術空間。另一件值得注意的事情是傅斯年、顧

〔註 94〕羅家倫：《新文化運動的時代和影響》，《歷史記憶與歷史解釋 —— 民國時期名人談五四》，第 28 頁，第 29 頁，楊琥編，福建教育出版社，2011 年 1 月第 1 版。

〔註 95〕余毅：《悼念蔡元培先生》，《追憶蔡元培》，陳平原、鄭勇編，第 192 頁，三聯書店，2009 年 4 月北京第 1 版。

〔註 96〕余毅：《悼念蔡元培先生》，《追憶蔡元培》，陳平原、鄭勇編，第 192 頁，三聯書店，2009 年 4 月北京第 1 版。

頡剛等幾位黃侃高足的轉投胡適門下。很多人將這一「背逆師門」的行爲解讀爲新文化對舊文化的勝利。但在我看來，這恰恰是一種現代教學模式的建構。羅、傅、顧諸人轉益多師，讓自己在不同的思想與觀念中碰撞，這實際上意味著他們在學術活動中擺脫了「以人爲單位」的「家學」，也標誌著北大文科在很大程度上擺脫了書院那種封閉、單維的知識傳承模式。

由此可知，北大文科的「新舊對峙」並非一種你死活我的鬥爭，它們在這個場域中完全可以並存，誠如楊振聲所回憶的那樣，在當時的北大文科，「有人在燈窗下把鼻子貼在《文選》上看李善的小字注，同時就有人在窗外高歌拜倫的詩。在屋子的一角上，有人在搖頭晃腦，抑揚頓挫地念著桐城派古文，在另一角上是幾個人在討論著娜拉走出『傀儡之家』以後，她的生活怎麼辦？」〔註97〕在很多人看來，這種局面依然未擺脫「二元對立」的模式，但實際上，這樣一種能夠並存、共生的「二元」，本身就是一種「多元」的生態。所以從文科視域審視北京大學的改革，我們眞正看到的結果並非是從「舊文學」到「新文學」的更迭與興替，而是其由「道一同風」向「兼容並收」的轉變。

三

如前所述，在具體的實踐過程中，蔡元培的北大改革在面對不同的學科時產生了不同的影響：他將大學標識爲一個「純粹研究學問之機關」，進而以「學問」中「學」、「術」之別的標準貶抑了作爲「應用諸科」之一的「法科」；而他在大學提倡「思想自由、兼容並包」，卻打破了以「文科」爲代表的傳統學術的「家學」風氣，破除了學生「專己守殘之陋習」。基於此，我們在探討北京大學與新文化運動的關係時，就不能以北京大學大學整體，而要以更爲具體的學科爲視域。

從「學科」的視域探討北京大學與新文化運動的關係，首先應該注意一點，即這裏的「科」並不屬於嚴格的學術範疇。誠如前文曾提及的那樣，北京大學的「分科之制」沿襲自晚清的京師大學堂，這種以「文、理、法、工、商」的「分科之制」規仿日本，並不是那麼完善和規範。所以，按照「文、理、法、工、商各科」來對學術研究予以劃分本來就是籠統的，甚至可以說，這樣一種「學科」並不能視爲純粹的學術範疇，與當下中國整飭、嚴密的學

〔註97〕楊振聲：《回憶五四》，《五四運動回憶錄》，第261頁，中國社會科學出版社，1979年3月第1版。

科建制相比，這種「學科」尚不能從學理上對知識體系和研究對象予以嚴格、明晰地分門別類。以法科爲例，蔡元培就曾經抱怨「北大舊日的法科，本最離奇，因本國尚無成文之公、私法，乃講外國法」〔註 98〕，而蔡元培一力提倡的「比較法」則無人能夠專任教授，這說明：儘管北大的法科規模龐大、人數眾多，但其作爲一門學科的研究對象卻非常狹窄、學術基礎也極其薄弱。與法科相反，「文科」涵涉的內容則顯得過於寬泛，傅斯年就曾批評：「以哲學、文學、史學統爲一科，而號曰文科，在於西洋恐無此學制。日本大學制度，本屬集合殊國性質至不齊一之學制而強合之，其不倫不類，一望而知。」〔註 99〕而在 1919 年 4 月以後，蔡元培掌校的北大「廢文、理、法各科學長，成立教務處，設教務長，統一領導全國的教學工作。教務長從各系教授會主任中推選，任期一年（後改爲固定職務，不再輪流）」〔註 100〕，這意味著此種「分科之制」已被廢棄。而與此相伴隨的還有更具體的「廢門改系」：「改革前，北大設文、理、法、工、商各科。科下設門，如文科下有哲學門、國文學門等。蔡元培來校後，廢門改系。系主任由教授互選，任期兩年（以後也改爲固定職務了）。各系成立教授會，規劃本系教學工作。」〔註 101〕事實上，「廢門改系」等改革所導致的傳統「分科之制」的消失意味著北京大學的在學科建制上眞正步入正軌，而北大自身也眞正成爲蔡元培所期冀的「純粹研究學問之機關」。從這個意義上來說，本文提及的北大的「學科」只是一種有著時間下限的歷史存在。

但需要強調的是，本文所探討的是北京大學與「新文化運動」的關係，而在參與「新文化運動」的過程中，北大的學術化過程恰恰尚未完成——能夠參與「新文化運動」這一社會運動本身，也說明北大尚未成爲一個「純粹研究學問之機關」。具體到學科建制而言，北京大學內部思想最爲活躍的時期，正是在「廢門改系」完成之前，在學科劃分尚不那麼完備和規範的時期。而從某種意義上講，北京大學能夠參與「文學革命」與「新文化運動」的前

〔註 98〕蔡元培：《我在教育界的經驗》，《蔡元培全集》（第 7 卷），第 214 頁，中華書局，1984 年 9 月第 1 版。

〔註 99〕傅斯年：《論哲學門隸屬文科之流弊》，《蔡元培全集》（第 2 卷），第 194 頁，中華書局，1984 年 9 月第 1 版。

〔註 100〕蕭超然：《北京大學校史》，第 35 頁，第 54 頁，第 55 頁，第 57 頁，第 61 頁，北京大學出版社，1988 年 4 月第 1 版。

〔註 101〕蕭超然：《北京大學校史》，第 35 頁，第 54 頁，第 55 頁，第 57 頁，第 61 頁，北京大學出版社，1988 年 4 月第 1 版。

提也在於這種學科建制上的不完備性，換句話說，此時的北京大學還沒有成爲一座學術自足性的「象牙塔」，它所設立的各學科（尤其是法科和文科）都帶有很強的社會性，這使得北大及其各個學科與社會之間還存在著一種更爲直接的關聯。正是在這樣一種關聯之中，社會上的種種思潮能夠在北大各個學科場域得到反映和呼應，相反，北京大學內部的種種變革也能對社會思想文化產生直接的影響。所以，「新文化運動」的發生，並不是發生在北大作爲一個「純粹研究學問之機關」建成以後，而是在以此爲目標的改革的動態過程之中，所以，新文化運動並非北大改革的結果，相反，這一改革本身就是新文化運動一個重要的環節。事實上，隨著蔡元培改革的深入並最終完成，北京大學的學科建制不斷整飭和完備，這種改革過程反倒停滯了，其與社會之間的關聯則有所削弱，就這一點而言，眞正成爲「新文化運動」發生場域的並非那種更爲嚴密和整飭的「院系」，而恰恰是那種不夠完備和規範的、且在改革中不斷變動的「學科」。

由此可見，羅家倫將北大視爲「新文化運動」的「發動機」並不確切，「五四」時代的北京大學並不是一個現代高等學府，在學科建制尚未完成之時，它也無法成爲充滿原創性的知識生產機構。毋寧說，「新文化運動」的原動力來自社會，而北京大學只是將這一動力激活的機括而已。也正因爲此，我們從學科這一視域審視新文化運動，就不能將「法科」、「文科」視爲純粹的學術問題，而是要在更宏闊的社會範圍內予以考察。從這個意義上來講，北京大學內部「文科」與「法科」的不同，並不是研究對象的區隔和研究方法的差異，而是它們各自與社會文化之間有著不同的關聯方式，正是後者，決定了它們在「新文化運動」過程中參與程度、參與方式和所扮演角色。下文就是從「法科」和「文科」這兩個各自獨立而又彼此關聯的場域，探討北京大學如何參與了「新文化運動」的歷史過程。

首先我們來看法科。按照今天的學術眼光來看，蔡元培將法科列入「術」的層面予以貶抑和排斥似乎充滿了偏見，而他個人對「法政科學生」的蔑視和鄙夷也是個人意氣。但實際上，這都是對歷史的誤解，蔡元培對法科的負面看法並非基於學問本身，在北大法科的學術規範化進程中，蔡元培實則多有建樹：「政法科教員多是政府官員兼任，蔡元培改爲專任教員，並規定教員不得在外兼課，政府官員不得爲專任教員。當時的政法科教員有馬寅初、陶孟和、陳啓修、周鯁生、黃又昌、高一涵、王寵惠（英美法系）、張耀曾（大陸法系）等，也都是國內知名學者。」〔註102〕而蔡元培曾在演講中提及，法政科學生「腐敗一如舊官僚，加之學得外國鑽營新法，就變爲『雙料官僚』。因此之故，所以社會上大家就看不起他。」〔註103〕由此可見，看不起「法政科學生」並非蔡元培個人意氣，而是普遍的社會風氣，而看不起的原因，也不在學術問題，而是在於法科與官僚政治錯綜複雜的關聯。所以，蔡元培在改革中對法科的貶抑與排斥，正是力圖削弱這一關聯的表現。

在過往的研究中，由於我們將爲北大視爲一個整體單位，所以很難把北大法科與「新文化運動」聯繫起來。而實際上，北大法科也確實沒有像文科那樣直接參與「新文化運動」，但是，這種「不參與」，並不代表它與「新文化運動」毫無瓜葛，恰恰相反，蔡元培在北大改革中的「學術分校」動議以及在實踐過程中對法科的貶抑與排斥，本身就是「新文化運動」的題中之義。陳獨秀在《新文化運動是什麼？》一文中寫道：「要問『新文化運動』是什麼，先要問『新文化』是什麼；要問『新文化』是什麼，先要問『文化』是什麼。」〔註104〕在他看來，「文化是對軍事、政治（是指實際政治而言，至於政治哲學仍應該歸到文化）、產業而言，新文化是對舊文化而言。文化底內容，是包含著科學、宗教、道德、美術、文學、音樂這幾樣」〔註105〕。在回答「新文化運動是什麼？」這一問題時，陳獨秀認爲是「新文化運動」首先是一場「文化運動」。顯然，「文化運動」的話語權是專屬於知識分子群體的，從這個意義上來說，「新文化運動」就是一場以知識分子爲主體的思想文化運動。而結合當時具體的歷史情境來看，這樣一種「文化運動」的發生必須以知識分子群體的獨立性爲前提，即他們必須從自身與「政治」（尤其是「官僚政治」）之間錯綜複雜的關係之中超軼出來。誠如魏定熙先生所說：「新文化的領導人強調學者和政客之間的區別——學者關心公眾利益，能包容不同觀點，而政客卻不可能做到其中任何一點。」〔註106〕

〔註102〕蕭超然：《北京大學校史》，第35頁，第54頁，第55頁，第57頁，第61頁，北京大學出版社，1988年4月第1版。

〔註103〕蔡元培：《〈法政學報〉週年紀念會演說辭》，《蔡孑民先生言行錄》，第233頁，第234頁，嶽麓書社，2010年1月第1版。

〔註104〕陳獨秀：《新文化運動是什麼？》，《歷史記憶與歷史解釋——民國時期名人談五四》第14頁，楊琥編，福建教育出版社，2011年1月第1版。

〔註105〕陳獨秀：《新文化運動是什麼？》，《歷史記憶與歷史解釋——民國時期名人談五四》第14頁，楊琥編，福建教育出版社，2011年1月第1版。

〔註106〕魏定熙：《北京大學與中國政治文化》，第44頁，第63頁，第249頁，北京

事實上，從章士釗的《甲寅》一直到陳獨秀的《新青年》，知識分子「強調學者和政客之間的區別」的意識一直貫穿始終。在提及《甲寅》時，魏定熙先生指出它與國民黨溫和派組織「歐事研究會」的關聯，他們「試圖避免一切政治聯姻——確實想尋找一個黨派政治之外的領域，目的是追求國家的最大利益而不受參與者的利益影響。」〔註107〕而與《甲寅》相比，《新青年》（《青年雜誌》）對這種區別也是一以貫之，當有讀者詢問《新青年》主編陳獨秀在入京之後「將在野以鞭策社會乎？將在朝以厲行改革？」時，他的回答異常乾脆：「以僕狂率，欲在野略盡文人報國之義務，尚恐無效，不知足下因何因緣而以再朝爲問也。」〔註108〕

而另一位《新青年》同人胡適也曾在回憶中坦承了自己當時的想法：「那時我有一個主張，認爲我們要替將來中國奠定非政治的文化基礎，自己應該有一種禁約：不談政治，不參加政治，不與現實政治發生關係，專從文學和思想兩方面著手，做一個純粹的思想文化運動。」〔註109〕

但需要指出的是，民初知識分子在很早時期就已經表露出對政治的厭棄，並注意到將自身與政治家（政客）相區別，但是這種區別直到「新文化運動」發生以後才得以實現——「1919年以前，新文化運動的一個方面，是政治家和知識分子之間劃了一條清晰的界線，並對未來產生持久的影響。」〔註110〕儘管「過去也一直有一些士人基本上是知識分子，而另一些士人基本上是政治家」，但是直到此時，「知識分子（尤其是學術和文學方面的知識分子）作爲獨立階層的自我意識」〔註111〕才凸顯出來。事實上，知識分子群體將自身與政治家（政客）區別開來，並不是從抽象意義上「劃了一條清晰的界線」，而正是在北京大學這一具體的場域中得以完成，而在這一過程中，蔡元培對北大法科的調整和變革顯然起到了至關重要的作用。前文曾經提及，蔡元培通過反復申明大學「研

大學出版社，1985年5月第1版。

〔註107〕魏定熙：《北京大學與中國政治文化》，第44頁，第63頁，第249頁，北京大學出版社，1985年5月第1版。

〔註108〕陳獨秀：《通信》，《新青年》第3卷第1期。

〔註109〕胡適：《胡適口述自傳》，第104頁，廣西師範大學出版社，2005年8月第1版。

〔註110〕費正清編：《劍橋中華民國史》，第411～412頁，中國社會科學出版社，1994年1月第1版。

〔註111〕費正清編：《劍橋中華民國史》，第411～412頁，中國社會科學出版社，1994年1月第1版。

究高深學問」的宗旨，力圖將北大改造爲「純粹研究學問之機關」。且不提改造的結果如何，這裏「純粹研究學問之機關」實際上已經將北大標識爲知識分子獨立自治的學術場域，而在這個學術場域內部，以法科爲代表的應用諸科和作爲「純粹學問」的文理二科之間有著非常明晰的界線。從學術範疇的劃分來看，這條界線並不是那麼嚴格、規範，但是從更宏闊的歷史中審視，它正是一條「學術」與「政治」（官僚政治）之間的畛域。由此可以說，蔡元培在北大改革中對法科的排斥，正是知識分子借助這條界線阻隔了「官僚政治」對學術活動的干擾，並將自身與政治家（政客）區別開來的具體措施。從這個意義上再來看法科與「新文化運動」的關係，就會發現法科不參與「新文化運動」並非一種自然的歷史狀態，而恰恰是被人爲貶抑和排斥的的結果，而這種排斥和貶抑構成了「新文化運動」非常重要的內涵。

與法科在「新文化運動」中被貶抑和排斥不同，文科不僅深度參與了「新文化運動」，而且還成爲這場運動發生的重要場域：「法科一直等到民國九年下半年王世杰、周鯁生等加入北京大學以後才日見起色。最初實在沒有什麼大的整頓。所謂文化運動的出發點，還是文科」。〔註112〕我們在前文中提到，知識分子群體將自身與政治家（政客）區別出來，以獨立的姿態參與了「新文化運動」。而具體到當時的歷史情境而言，這種獨立的姿態形成的根據，就在於知識分子能夠在官僚政治體制之外獲得自身的活動場域，而在當時，「思想自由、兼容並包」的北大文科正是這樣一個場域。只有在這一場域之中，陳獨秀這類社會知識分子才獲得了學者的身份，也正是依託於北大文科的學術生態，他們才最終找到了專屬於自身並契合於時代話語言說方式。

晚清維新時代，以梁啓超爲代表的近代中國知識分子往往以「學說鼓吹」的方式參與政治活動，這使得他們的學術活動往往與政治活動合爲一體。王國維很早就批評過晚清知識分子這種以政治爲旨歸的學術活動，在他看來，彼時知識分子對西方各種學說的「附和」「非出於知識，而出於情意」，只能「聊借其枝葉之語，以圖遂其政治上之目的耳。由學術之方面觀之，謂之無價值可也」。〔註113〕他非常尖銳地批評康有爲，在他看來，「康氏之於學術，

〔註112〕羅家倫口述、馬星野筆記：《蔡元培時代的北京大學與五四運動》，《追憶蔡元培》，陳平原、鄭勇編，第169頁，第174頁，第175頁，第192頁，三聯書店，2009年4月北京第1版。

〔註113〕王國維：《論近年之學術界》，《靜庵文集》第79頁，遼寧教育出版社，1997年第1版。

非有固有之興味，不過以之爲政治上之手段，《荀子》所謂『今之學者以爲禽犢』者也」〔註 114〕。而在民國成立之後，作爲政論大家的梁啓超也對自己「搖筆弄舌，有所論議」的政論寫作有過深刻的反思：「吾問學既譾薄，不能發爲有統系的理想，爲國民學術闢一蹊徑；吾更事又淺，且去國久，百與實際之社會閡隔，更不能參稽引申，以供凡百社會事業之資料。惟好攘臂扼腕以譚政治，政治譚以外，雖非無言論，然匣劍帷燈。意固有所屬，凡歸於政治而已。」〔註 115〕官僚部院之中「疲於簿書期會，朝命輿出、晚就裝瞑」的經歷更使他意識到，「報紙上之政譚，決無由入於當局者之耳」，「吾儕搖筆弄舌者，自命爲大聲疾呼，而其實乃不過私憂竊歎，其必無反響可斷言也。」〔註 116〕

「五四」一代知識分子與梁啓超等人之間的區別，就在於他們集結的場域不再是作爲大眾媒體的報刊，無論《甲寅》還是《新青年》，都是與大眾媒體有所區別的「同人刊物」。就像陳平原先生說的那樣：「同是從事報刊事業，清末主要以學會、社團、政黨等爲中心，基本將其作爲宣傳工具來利用；民初情況有所改變，出版機構的民間化、新式學堂的蓬勃發展，再加上像《新青年》這樣運作成功的報刊，除了社會影響巨大，本身還可以贏利。因此，眾多潔身自好、獨立於政治集團之外的自由知識者，借報刊爲媒介，集合同道，共同發言，形成某種『以雜誌爲中心』的知識群體。」〔註 117〕在陳平原先生看來，「同人雜誌已經超越一般意義上的大眾媒體，而兼及社會團體的動員與組織功能」〔註 118〕。而對這種「以雜誌爲中心」的知識群體而言，「搖筆弄舌」、「大聲疾呼」的政論寫作已經不合時宜了，他們需要在更高的「文化」、「學理」層面來把握和討論當下中國社會的現實問題。當然不能否認，《甲寅》雜誌也是一本徹頭徹尾的「政論」刊物，但這種政論卻與梁啓超的傳統「政

〔註 114〕王國維：《論近年之學術界》，《靜庵文集》第 79 頁，遼寧教育出版社，1997 年第 1 版。

〔註 115〕梁啓超：《吾今後所以報國者》，《飲冰室合集之三十三》，第 34 頁，中華書局，1989 年版。

〔註 116〕梁啓超：《政治之基礎與言論家之指針》，《飲冰室合集之三十三》，第 51～52 頁，中華書局，1989 年版。

〔註 117〕陳平原：《觸摸歷史與進入五四》，第 131 頁，第 135 頁，北京大學出版社，2010 年 1 月第 1 版。

〔註 118〕陳平原：《觸摸歷史與進入五四》，第 131 頁，第 135 頁，北京大學出版社，2010 年 1 月第 1 版。

論」大不相同，章士釗等人「要求擺脫和超越包括當時的國民黨在內的既存的政治勢力的言論」〔註 119〕，章士釗「談政治和當時一般的刊物不同，他還是有一貫的主張，而且是理想的主張，而且是用嚴格的理性態度去鼓吹的」〔註 120〕。這樣一種「談政治」的方式實際上是超越了「黨派」和「黨見」，與晚清時代的「學說鼓吹」大不相同。而與《甲寅》相比，《新青年》（《青年雜誌》）實際走的更遠，陳獨秀在《青年雜誌》首期就明確宣佈：「改造青年之思想，輔導青年之修養，爲本誌之天職，批評時政，非其旨也。」〔註 121〕從這個意義上來看，作爲「新文化運動」重要組成部分的「文學革命」實際上就是知識分子擺脫「政論」式言說的結果。最早提出「文學革命」的黃遠庸在《甲寅》中非常明確地表達了這種心態：「遠本無術學，濫廁士流。……所作種種政談，至今無一不爲懺悔之材料。……此後將努力求學，專求自立爲人之道。……愚見以爲居今論政，實不知從何處說起。《洪範》九疇，亦只能明夷待訪。……至根本救濟，遠意當從提倡新文學入手。」〔註 122〕陳子展對黃遠庸的這一轉變說的非常清楚：「他這封信裏有兩個重要之點：第一，他不願論政了，懺悔以前論政的罪過。……第二，他以爲論政既沒有用處，根本救濟，在提倡新文學，以淺近文藝普遍四周；在介紹現代思潮，以促國人猛省。他已知道政治改革非先做到文學改革思想改革與一般人生出交涉不爲功。」〔註 123〕「文學革命」經過陳獨秀和胡適等人在《新青年》的提倡之後蔚爲大觀，它標誌著「五四」知識分子群體對社會現實的把握已經上升到更具有超越性的文化層面，而正是這一點使得「文學革命」能夠引發出影響更爲廣泛的「新文化運動」。

而胡適在總結「新思潮的意義」時就認爲，「新思潮的根本意義只是一種新態度。這種態度可叫做『評判的態度』」。胡適在文中進一步解釋：「這種評判的態度，在實際上表現時，有兩種趨勢。一方面是討論社會上、政治上、宗教上、文學上種種問題。一方面是介紹西洋的新思想、新學術、新文

〔註 119〕魏定熙：《北京大學與中國政治文化》，第 44 頁，第 63 頁，第 249 頁，北京大學出版社，1985 年 5 月第 1 版。

〔註 120〕常乃悳：《新文化運動的黎明時代》，《歷史記憶與歷史解釋 —— 民國時期名人談五四》第 32 頁，楊琥編，福建教育出版社，2011 年 1 月第 1 版。

〔註 121〕陳獨秀：《通信》，《青年雜誌》，第 1 卷第 1 號。

〔註 122〕黃遠庸：《釋言》，《甲寅雜誌》1 卷 10 號。

〔註 123〕陳子展：《最近三十年中國文學》，第 99 頁，上海古籍出版社，2000 年 12 月第 1 版。

學、新信仰。前者是『研究問題』，後者是『輸入學理』。這兩項是新思潮的手段。」〔註 124〕甚至在他看來，「這兩三年新思潮運動的最大成績差不多全是研究問題的結果」〔註 125〕。當然，胡適對新思潮意義的解釋多少有些主觀，但不可否認的是，所謂「研究問題、輸入學理」的確是「新文化運動」重要的內涵，它也意味著五四知識分子在「政論」之外眞正獲得了專屬於自身的話語方式。

如果我們把「研究問題、輸入學理」視爲五四知識分子獨特的話語方式，那麼北京大學文科在知識分子話語言說方式轉變過程中所起的關鍵作用就不容忽視。事實上，從京師大學堂時代開始，文科的學科建制就一直處於不斷完善的過程之中，1914 年，「文科除原有國文學門外，增設中國哲學和英國文學二門」〔註 126〕，而在後來，又增設了史學門。所以在蔡元培就任校長之時，北大文科（包括文學門、史學門和哲學門）相關的研究內容已經遠遠超過了狹義的文學範疇。當然，在蔡元培掌校之前，文科囿於中國傳統的治學範式和學術旨歸，尙不具備參與新文化運動的可能性。但隨著蔡元培「思想自由、兼容並包」的教育方針的提出與踐行，北大文科打破了那種「以人爲單位」的「家學」傳統，超越了中國傳統治學的種種規範與限制，其研究的視野也就大大擴展了。羅家倫在回憶中寫道：「文科教授辦了一個雜誌叫《新青年》，高揭文學革命的旗幟，已經觸目了；還要討論社會問題，對於不合理的制度，予以抨擊。」〔註 127〕由此也可以看出，北大這一「純粹研究學問之機關」的「研究」遠未局限於「純粹」的學問範疇，而北大文科所「兼容並收」的對象並不僅僅是指學院體系內部的學術流派，也包括當時中國社會上流行的、在學院之外的言論乃至思潮。

事實上，在整個新文化運動的過程中，北京大學文科成爲一個極爲開放的話語空間，其道德尺度和政治寬容度都達到了相當驚人的程度。大致來說，

〔註 124〕胡適：《新思潮的意義》，《歷史記憶與歷史解釋 —— 民國時期名人談五四》，第 9 頁，第 10 頁，楊琥編，福建教育出版社，2011 年 1 月第 1 版。

〔註 125〕胡適：《新思潮的意義》，《歷史記憶與歷史解釋—— 民國時期名人談五四》，第 9 頁，第 10 頁，楊琥編，福建教育出版社，2011 年 1 月第 1 版。

〔註 126〕蕭超然：《北京大學校史》，第 35 頁，第 54 頁，第 55 頁，第 57 頁，第 61 頁，北京大學出版社，1988 年 4 月第 1 版。

〔註 127〕羅家倫：《新文化運動的時代和影響》，《歷史記憶與歷史解釋 —— 民國時期名人談五四》，第 28 頁，第 29 頁，楊琥編，福建教育出版社，2011 年 1 月第 1 版。

這樣一種開放性生成的有兩個相輔相成的關鍵因素。首先一方面，就是北大文科自身的開放性：經過了那種對「家學」的破除之後，北京大學文科既不再拘囿於固定的研究對象，也破除了僵化的治學範式，所以其領域大大擴展，完全具備了「討論社會上、政治上、宗教上、文學上種種問題」〔註 128〕的可能性。而另一方面，這種開放性的之所以可能，也與五四知識分子獨特的話語言說方式密切相關。因爲在文科這一場域之中，知識分子敢於「對於不合理的制度，予以抨擊」，正在於他們的學者身份，而被社會認爲「離經叛道」、「非聖無法」的激進主張都被納入「研究問題」、「輸入學理」的範疇，達到一種「化戾氣爲祥和」的效果。也是在這個意義上，北京大學文科這一場域才能與整個「新文化運動」相互關聯、彼此呼應——對「新文化運動」而言，北大文科的學術研究不僅爲其提供了深厚、紮實的學理支撐，也以「學術」的名義爲種種看似激烈的社會思潮提供了存身的空間和發展的平臺。

結　語

綜上所述，無論是作爲發端的「文學革命」，還是整個「新文化運動」，其主體都是高等教育系統中「學術和文學方面的知識分子」，這也決定了其發生的場域不是作爲整體的北京大學，而僅僅是北大文科——「起初新舊文學論戰，只限於校內幾位教授，後來新文學運動與五四運動合流，而成爲一種社會新生運動。此種新運動，由一校而影響到北平各學校，由北京一地而影響到全國」〔註 129〕。可以說，五四時代的北大文科，成爲「學術和文學方面的知識分子」匯聚的淵藪，而「五四新文化運動」本質上是對官僚政治體制之外進行，它是一場「思想的革命」「風氣」的轉移，而非一場具體的制度變革。如王世杰先生認爲：「用普通教育的眼光，去評量當時的北大，北大的成就，誠然不算特別優異。從思想的革命方面去評量北大，北大的成就，不是當時任何學校所能比擬，也不是中國歷史上任何學府所能比擬的。」〔註 130〕而梁漱溟先生也曾經指出：「蔡先生一生的成就不在學問，不在事功，而只在

〔註 128〕胡適：《新思潮的意義》，《歷史記憶與歷史解釋——民國時期名人談五四》第 9 頁，楊琥編，福建教育出版社，2011 年 1 月第 1 版。

〔註 129〕楊亮功：《五年大學生活》，《我與北大——老「北大」話北大》，王世儒、聞笛編，第 271 頁，北京大學出版社，1998 年 4 月第 1 版。

〔註 130〕王世杰：《追憶蔡先生》，《追憶蔡元培》，陳平原、鄭勇編，第 65 頁，三聯書店，2009 年 4 月北京第 1 版。

開出一種風氣，釀成一大潮流，影響到全國，收果於後世。」〔註131〕

在我看來，「新文化運動」這樣一種「開出一種風氣，釀成一大潮流」的「思想革命」，體現出一種極具中國本土特色的社會變革模式。這種模式的獨特性可以通過中國與歐洲社會變革的簡單比較中得以凸顯。韋伯在有關《學術與政治》的演講之中提到了一個非常有意思的觀點：「大學裏訓練出來的法律學家，爲西方，尤其是歐洲大陸所特有，他們對這個大陸的整個政治結構有著決定性的意義。經羅馬的官僚制國家改造後的羅馬法，對後世所產生的巨大影響，再清楚不過地表現於這樣一個事實：無論在何處，以促進理性化國家的發展爲方向的政治革新，一概由受過訓練的法律學家所發動」。〔註132〕但他同時也強調，「從我們今天的含義看，作爲一個獨立身份階層的律師，也是唯獨在西方才存在」〔註133〕。如果我們按照這樣一個標準來審視「五四」時代的中國，就會發現這樣一個訓練有素律師階層都是缺席的——而法政教育培養出來的諸多法政人士都是變相的科舉，以他們爲主體的官僚體制恰恰構成了社會變革的阻力。

事實上，「新文化運動」這樣一種社會轉型的模式首先是植根於中國傳統之中，它幾乎就是傳統中國士人對「厚風俗，美人倫」的教化功能的現代演繹。中國社會自古有森嚴的等級秩序，這種等級秩序並未因民國實行的憲政而有根本改變，「憲政是符合前清官僚與政客利益的，因爲憲政給予其以合法的政治場所，而又不使這個政治舞臺向下層人士開放」〔註134〕。所以在社會變革中，精英知識分子試圖在平民大眾之間建立關聯，但這種關聯並不是通過官僚行政體制建立的，而是統攝在那種傳統的「教化」鏈條中，這點陳立夫說的最明白，他在悼念蔡元培時寫道：「《學記》有言：化民成俗，其必由學，以學術正士風，以士風易民俗，務本之言，信不磨也。」〔註135〕而另一

〔註131〕梁漱溟：《紀念蔡元培先生——爲蔡先生逝世二週年作》，《追憶蔡元培》，陳平原、鄭勇編，第114頁，三聯書店，2009年4月北京第1版。

〔註132〕韋伯（德）：《學術與政治》，第74頁，第75頁，廣西師範大學出版社，2010年9月第1版。

〔註133〕韋伯〔德〕：《學術與政治》，第74頁，第75頁，廣西師範大學出版社，2010年9月第1版。

〔註134〕費正清、劉廣京編：《劍橋中國晚清史》（下卷），第255頁，中國社會科學出版社，1985年2月第1版。

〔註135〕陳立夫：《悼蔡元培先生》，《追憶蔡元培》，陳平原、鄭勇編，第356頁，三聯書店，2009年4月北京第1版。

方面，這種變革方式也是中國當時的社會現實使然，在這樣一個幅員遼闊的國土上發動一場根本性的社會變革，不能僅僅依靠一個僵化的官僚體制，即政治權威，且在南北分裂、軍閥割據的時代，中央政府的敕令也無法波及全國。而北京大學則不同，經過蔡元培的改革，他不再隸屬於一個封閉的、鞭長莫及的行政系統，而是成爲一個「學術中心」，他內部的「學風」也就能夠成爲一種具有導向作用的、令人景從的「士風」。而在南北分裂、軍閥割據的時代，這種文化、思想、精神層面的東西能夠借助大眾傳媒突破地域的限制，輻射到全國各地。

中國現代文學發展中的民國出版機制

羅執廷*

近年來，李怡教授提出了現代文學的「民國機制」問題，力主研究民國時期逐步形成的影響和推動文學新發展的種種力量和由這些力量構成的機制，如政治體制、經濟模式、文化結構、精神心理氛圍等等。〔註1〕這種研究思路確實有助於引導我們回到民國的歷史現場，求得對當時文學運行環境更爲本眞的呈現，並且在這樣一種歷史研究中體現出一定的當代意識。循著這一思路，筆者也注意到了民國時期的出版體制與當代的不同，認爲這一體制與現代文學的蓬勃發展關係密切，值得加以探究。

一、出版管理體制及相關政策

民國時期，西方發達資本主義國家的「自由」、「平等」、「人權」等憲政理念成爲中國社會的主流聲音，各中央政權表面上（名義上）也得遵循這些理念。「出版自由」和商業自由的價值理念也因此表現在政府對出版業的開放態度甚至是扶持政策之中。從行業准入政策上看，民國承繼的是從清末新政即開始實施的「聲請登記」和「備案」制度，其基本特徵是：出版機構自由成立，只需於出版物首次發行前向官方聲請登記註冊，發行時將樣品呈送有司「備檢」即可。從袁世凱政府制定的《出版法》（1914）到南京國民政府頒布的《國民政府出版法》（1930），都是這樣規定的。而且，國民黨政府的《出版法》比袁世凱的《出版法》更加開放，更能顯示出對「出版自由」的保護

* 羅執廷（1975～），暨南大學副教授，四川大學文學與新聞學院博士後。

〔註1〕李怡：《從歷史命名的辨正到文化機制的發掘——我們怎樣討論中國現代文學的「民國」意義》，《文藝爭鳴》2011年第7期。

和對新聞出版事業的支持：除服刑者、禁治產者等極少數人之外，絕大多數人都可以自由成立出版機構；報紙、雜誌的創辦和或轉手只需一次登記或變更登記的「聲請」，且不收任何費用；出版人享有編審自主權和出版權，只需於發行時將出版品寄送相關部門備查；即使官方事後發現出版品「有限制登載之事項」，也只能「禁止其出售及散佈，並可於必要時扣押之」，「但如該出版品除去限制或違禁事項後，經發行人之請求，應予返還所扣押之出版品」；而且，對違規、違禁出版品的處罰權限於一年之期，逾期不行使便自動消失。〔註2〕從這些法規和其實施細則來看，政府基本上還是遵循了「出版自由」的理念，鼓勵民間辦報辦刊搞出版的姿態還是很明顯的。

當然，民國的專制統治者們及其控制下的政府也曾試圖實施出版管制，以箝制敵對思想和言論，維護自己的統治。袁世凱政府的《報紙條例》（1914）就曾禁止學生和行政司法官員充任報紙和雜誌的發行人、編輯人與印刷人，並且規定報紙雜誌首次發行前要繳納至少 100 元以上（在京師及都會商埠地發行者加倍）的「保押費」〔註3〕，試圖打擊人們從事出版的積極性。1929 年國民黨政府公佈《國民黨中宣部宣傳品審查條例》、《查禁反動刊物令》和《取締銷售共產書籍辦法》，1932 年 11 月公佈《宣傳品審查標準》，1933 年下達《查禁普羅文藝密令》，1934 年成立專職機構實行圖書雜誌原稿審查制度，抗戰時期也陸續頒布和修訂了不少出版管制的法規。但是，由於軍閥割據、國共內戰和抗日戰爭以及租界等外國殖民政權的存在，民國政府的出版管制往往政令不暢，效果不佳。北洋政府時期，政權在直、皖、奉各派系之間流轉，軍閥們忙於政治和軍事上的鬥爭，「他們對於出版物是不在心上的」〔註4〕，所以袁世凱限制出版的許多法規、政策並未眞正執行。1926 年 1 月，應北京報界的強烈要求，段祺瑞政府不得不下令廢止北洋政府的《出版法》。國民黨上臺後雖然加強了出版管制，但其政令在租界、蘇區、解放區、淪陷區和某些地方軍閥把持的地區也行不通。國民黨於 1934 年 5 月設立中宣部圖書雜誌審查委員會，運作不到一年即出了《新生》雜誌的《閒話皇帝》事件，受其牽連，這一機構無形撤銷，直到 1938 年 10 月才又成立「中央圖書雜誌審查委員會」。到 1945 年，因出版

〔註 2〕《國民政府出版法》，宋原放主編：《中國出版史料（現代部分）》（第一卷下冊），山東教育出版社 2001 年版，頁 570～576。

〔註 3〕宋原放主編：《中國出版史料（近代部分）》（補卷上冊），湖北教育出版社 2011 年版，，頁 5、16。

〔註 4〕張靜廬：《在出版界二十年》，上海雜誌公司 1938 年版，頁 126。

界的抗議，該機構被迫撤銷，原稿檢查制度也廢除了。政府的圖書雜誌審查機構和原稿審查制度確實在一定程度上鉗制了出版自由，但對其效力也不能高估。這種機構人力有限，審查又有時限，根本就難以應付稿件審查和書刊查禁的繁重任務，所以常常是走過場。1934 年 9 月 25 日《中華日報》上的《中央圖書雜誌審查委員會工作緊張》一文中即說：「平均每日每一工作人員審查字（數）在十萬以上，審查手續異常迅速，雖洋洋巨著至多不過二天……至該會審查標準，如非對黨對政府絕對顯明不利之文字請其刪改外，餘均一秉大公無私毫偏袒，故數月來相安無事」。1944 年，圖書雜誌審查委員會有關人員在給上司的簽呈中就不得不承認，從 1938 年 10 月至 1943 年 12 月，該機構列表查禁取締的 1414 種書刊中，經當地查獲沒收的只有 559 種，其餘 835 種則虛有取締之名。〔註 5〕即便是嚴行查禁也難阻民營出版機構和書商鋌而走險，偷印或盜版那些有市場的被禁書刊以牟取暴利。據當時華通書局出版的《中國新書月報》第 2 卷上統計，1932 年調查所得的翻版書就有 201 種之多，其中有爲數不少的國民黨當局查禁的書籍，以魯迅、茅盾、蔣光慈等人的作品爲最多。〔註 6〕出版商們與國民黨當局的查禁令和原稿審查制度巧作周旋，發明了一系列行之有效的蒙混辦法；即使被查禁，也常常通過疏通關係、賄賂等活動成功周旋。顯然，出版業的民營體制和市場化本身就具有強大的能量，常常能夠衝破或抵銷政府的各種出版統制行爲，讓其無功而返。

另外，由於保護言論和出版自由的民國憲法的威懾力和司法的相對獨立性，以及出版界的各種抗議活動，政府的出版管控行爲也常常受到扼制。1931 年 7 月，因左海、新民兩書局及元山米店運售「赤化」書籍，福建省臨時軍法會準備依《危害民國緊急治罪法》第三條第二款——被「以文字、圖畫或演說爲叛國之宣傳者」所煽惑而爲之輾轉宣傳者，當處無期徒刑或十年以上有期徒刑——論處。而民國司法院爲此事於 1931 年 8 月發函國民黨中央執行委員會秘書處，作出司法解釋稱，該案不適用《危害民國緊急治罪法》，而應依《出版法》中相關規定來處罰，即「知情而出售或散佈」違禁出版品者，處六月以下有期徒刑、拘役或五百元以下之罰金。〔註 7〕這就維護了司法公

〔註 5〕高信成：《中國圖書發行史》，復旦大學出版社 2005 年版，頁 377。

〔註 6〕朱曉進：《政治文化與中國二十世紀三十年代文學》，人民出版社 2006 年版，頁 206。

〔註 7〕司法院參事處編纂：《增訂國民政府司法例規補編・第一次（下）》，京華印書館 1933 年 1 月版，頁 776。

正，盡力保護了出版品傳播者。類似案例並不少見，足證民國的法律體系對出版自由的保護是有一定成效的。此外，政府的執法部門或其中的有識之士也常常主張柔性執法，注意維護出版界的利益。比如《出版法》（1930）規定報紙、雜誌未於首次發行期十五日前向官署書面聲請登記，或爲不實之陳述，而又擅自發行者，應由省（市）政府停止其發行並處罰金。而內政部於 1932 年 12 月 2 日咨文於各省（市）政府稱：新聞紙類已經依法聲請登記但因程序輾轉稽延時日致未能及時領到登記證而擅自發行者，若遽行處罰，「實欠公允」。因此，「應准各該報社於該出版品名稱之上下或左右刊明『本社已遵於某月某日呈請登記』字樣」，先行發布，如該報刊內容並無違禁之處，監管機關應視爲合法，「庶免辦理困難，而利政令推行」。〔註 8〕

可見，民國時期的出版體制是由政府的管控機制、司法的調節機制、民間的應激機制等多方面的力量構成的，並不是由政府一家說了算。比如，出版業的行會組織在當時就起到了很大的作用，構成了民國出版管理體制中的重要一維。上海的書業公會等行業組織在維護出版業的秩序和利益，與政府的出版管制抗爭等方面就曾發揮過重要作用：1922 年，上海書業公會向北洋政府交通部抗議增加郵資獲得成功；1925 年，上海公共租界工部局頒布印刷物附律，上海書業商會、書業公所、日報公會、書報聯合會共同發表抗議宣言，致使此附律終於未能實施；1932 年，上海書業公會聯合 49 家出版機構簽署請願書並向國民會議提交請願提案，批評政府頒行的《出版法》和《出版法施行細則》是「束縛出版自由，阻遏文化事業之法令，應請毅然廢除」，要求「停止黨政軍各機關對於書籍之檢查搜索，以尊人權而裨文化」；1946 年，上海書業公會派代表赴南京請願，申請豁免書籍的營業稅，其結果是財政部同意教科書及參考書免徵營業稅，其他書籍減半徵收。〔註 9〕報業公會、書業公會是民國時期在全國許多地方都曾建立並發揮過作用的組織，它們實際上是官方行政管理機構與民營出版機構之間的中介組織，既代官方行使著某些管理職能，也維護著出版業自身的利益，有助於出版業的健康發展。

所以，民國時期的出版管理體制總體上還是體現了「出版自由」的原則，從整體上保證了出版業的繁榮和發展。整個民國時期，出版業的最大危害和

〔註 8〕 同上，《增訂國民政府司法例規補編・第一次（下）》，頁 776。

〔註 9〕 王余光、吳永貴：《中國出版通史・民國卷》，中國書籍出版社 2008 年版，頁 178。

風險來源是戰爭而不是政府的出版管制。民國政府雖然在政治傾向方面對出版業嚴加管控，在其他方面卻是對出版業頗多照顧，其某些政策對促進出版業的繁榮具有積極影響：

其一，在稅收、郵資方面給予出版業一定的經濟扶持。民國政府承襲晚清慣例，一直對書籍免徵國內流轉稅和出口稅，對書報雜誌也免徵進口稅，1928 年 12 月頒布的《中華民國海關進口稅則》第 459 條即規定「已裝訂或未裝訂印本或抄本書籍免稅」，第 461 條規定「報及雜誌免稅」。這些稅務政策既擴大了新文學出版物的流通範圍（國內、東南亞、日本等），也大大有利於中國文學界學習西方。民國政府也對書報刊實行低廉的郵資政策。以 1911—1931 年的報紙、雜誌郵資爲例，最貴的平常類（散寄）郵資爲本埠每 100 克半分錢，比光緒、宣統年間（每重 60 克半分錢）還要便宜，立券（協議）和總包類郵資更加優惠：光緒年間總包每份收制錢二文，民國元年則降爲一文（1 釐），至 1935 年始終未變，立券類自民國五年起減收 20%，至 1929 年則改爲減少 40%，至 1935 年不變。同期書籍之郵資也較光緒、宣統時期有近一半的降幅水平。〔註 10〕又如，按 1935 年 7 月公佈的《郵政法》，普通信函類本局界內投遞每份起重 20 克及畸零之數 2 分，各局間互寄 5 分；明信片局內每單 1 分，各局之間 2 分；報紙雜誌平常類局內每份重 100 克郵資 0.5 分，各局間每重 50 克郵資 0.5 分，總包類每份重 100 克各局間 0.1 分；書籍的郵資，重 100 克內本局 0.5 分各局間 1 分，重 500～1000 克本局內 4 分各局間 7.5 分，重 2000～3000 克本局內 11.5 分各局間 22.5 分。比較來看，書報（刊）的郵資水平要比信函類低廉得多，而且據研究者比較的結果，按照國家生活程度與郵寄費之比例看，中國當時的郵資水平既大大低於美國、德國等發達國家，也大大低於印度、安南、暹羅等不發達國家。綜合比較的結果，中國的郵資水平只相當於印度的 1/70、美國的 1/30、德國的 1/40、安南的 1/15、日本的 1/3。所以，當時中國郵局採用立券或總包方式收寄報紙、雜誌一直是虧損的，且虧損額呈逐年上升狀態。〔註 11〕低廉的郵資水平當然有利於出版事業的繁榮，也有助於新文學的海內外傳播。當時，從中國到日本的書報郵資就很低廉，等同於國內各局間郵資。當年身在日本的創造社作家們就是在這樣的便利條件下與國內文壇保持著密切聯繫的。

〔註 10〕張梁任：《中國郵政》（下卷），商務印書館 1936 年版，頁 41～54。
〔註 11〕張梁任：《中國郵政》（下卷），商務印書館 1936 年版，頁 96～103。

其二，民國政府重視對著作權的保護，袁世凱政府和國民黨政府都頒布了《著作權法》和實施辦法，在《民法》中也對著作權的繼承等問題有所涉及。這顯然有助於刺激文學創作與出版事業。所以，當北新書局拖欠魯迅大筆稿費和版稅時，魯迅敢於拿起法律的武器，逼得書局老闆立即求和。這種著作權保護對於維護作家的經濟利益，保障其生活，形成職業作家的體制，並從根本上促進創作的繁榮是功莫大焉的。

其三，民國政府重視圖書館事業也爲出版業提供了機會。1928 年，全國教育會議大會通過，請大學院令全國各學校均須設置圖書館，並以每年全校經費的 5%用於購書。據統計，1935 年一年中，全國出版新書不過六千種，總定價二千元而已；有的圖書館每月有新書採購費二百元，幾乎當年出版的任何新書都有能力購置。強大的圖書館購書能力對圖書出版業的影響可想而知。〔註 12〕

其四，1934 年，交通部採取新措施，飭令郵局創辦代購書籍及代訂刊物業務，規定民眾凡需用書籍刊物，可託郵局代辦，於當年 4 月 1 日起實行。交通部並且於當年 4 月和 9 月分別公佈《郵局代訂刊物簡章》和《郵局代購書籍章程》及各自辦事細則，規定由郵政總局匯總全國書目編成代購書目按期刊行，分發各地郵局，供人閱覽選訂。〔註 13〕這些辦法有助於改善當時書刊發行網絡不全、發行能力低下的局面，對促進書刊發行和流通當有不小的作用。

總體上看，民國政府重視的是出版業的商業屬性和文化教育屬性，並未過分強調其意識形態屬性。在商業自由的原則和管理體制下，政府也從發展文化教育事業的角度對出版業加以經濟扶持，這都爲民國出版業的興旺提供了有利條件。於是，大大小小的各類出版機構紛紛成立，辦報辦刊和開書局、書店蔚然成風，以爲自己的著作出版和言論發表提供方便，或是企圖靠「文化的生意」而生財。民國時期出版活動的整體活躍和興旺爲新文學的興旺奠定了良好的基礎：各種報刊自由創立，其中刊載文學內容的就多達 4000 餘種；書局、書店也如雨後春筍般涌現，從事過文學書籍出版的多達 2300 餘家。〔註 14〕雖然它們大多存活時間極短，但旋生旋滅，旋滅旋生，總體上保持了較活躍和繁榮的局面。這對於搞活文壇和促進新文學的發展無疑是非常重要的。

〔註 12〕高信成：《中國圖書發行史》，復旦大學出版社 2005 年版，頁 343。
〔註 13〕張梁任：《中國郵政》（中卷），商務印書館 1936 年版，頁 263。
〔註 14〕據鄧集田：《中國現代文學的出版平臺》，華東師範大學 2009 年博士論文，正文，頁 43，引自中國知網「中國博士學位論文全文數據庫」。

二、經濟驅動機制與混業經營模式

從總體上看，民國效法的是歐美資本主義國家的自由主義經濟制度，政府對出版業實行的是自由開放的政策，允許和鼓勵民營資本進入。另外，民國政府對出版業實行了稅收、郵資等方面的一系列優惠政策和扶助措施，也讓出版業成爲一個有利可圖的行當。20 年代初，鄭振鐸在商務印書館編輯《小說月報》時曾感慨說：「我們替商務印書館工作，一個月才拿百圓左右，可是一本書，印書館裏就可以賺幾十萬，何苦來！還不如自己集資辦一個書店！」〔註 15〕而北伐革命時期，上海太平洋印刷公司的老闆張秉文編印了一部《（孫）中山叢書》，它隨著北伐的進展而由廣州到湖南、江西、漢口，一路「傾銷」，「只就這一部書而論，少說些也賺上十萬八萬元大洋了。」〔註 16〕這類因一部書而獲益巨大的案例並不少見。可見，搞出版如果經營得法，利潤是十分豐厚的。商務印書館、中華書局、世界書局、開明書店、良友圖書印刷公司等重要的出版企業都是得益於民國的經濟體制和政策而迅速成長壯大起來的。有利可圖自然吸引了許多精明的商人投資於出版業，甚至也吸引了不少貧窮的學生、文學青年投資於出版業。所以當時文學青年、文學同人合夥辦書店和雜誌的現象十分普遍。這也導致文學界人士往往與出版界有著千絲萬縷的關係，或者成爲被雇傭的編輯、撰述者，或乾脆就是老闆與股東，這也在一定程度上保證了新文學出版的機會，甚至保證了新文學出版品的水平。

商業自由和利益驅動的體制也導致了一種獨特的出版業運營模式——混業經營或「多種經營模式」。這種模式主要包括兩種形態，一是撰述、編輯、印刷、發行甚至出版等不同環節或業態合爲一體，一條龍服務，實力雄厚的商務、中華、世界等大型民營書局和部分官辦的大書局實行的就是這種業態；二是書、報、刊三種媒體形式的兼營與整合，報社和書局、書店都可以辦雜誌和出圖書。這種混業經營模式不像今天高度專業化的分業經營模式，有其優點也有其弊端。其優點是可以整合資源、盈虧互補，有效抵抗經濟風險，或者做到資源的深度開發與高效利用，提升出版機構的贏利能力；其缺點則是可能無法集中精力和資源，做到專業化的規模和水平，比如當時就極度缺少大型和專業的圖書報刊發行機構，導致書報發行渠道始終不暢，發行能力始終不強。這種弊端當時人就有所察覺：1945 年 12 月，開明書店的股東和編輯夏丏尊就撰寫《中國

〔註 15〕陳明遠：《文化人的經濟生活》，陝西人民出版社 2010 年版，頁 82。
〔註 16〕張靜廬：《在出版界二十年》，上海雜誌公司 1938 年版，頁 127。

書業的新途徑》一文說：「書店之業務可分爲二部，一是將有價值的著述印製成爲書籍，這叫做出版；二是將所印製成的書籍流通開去，供人閱讀，這叫做發行。就出版方面說，著述可收外稿，原不必一一由書店自己編輯。但一書店有一書店的目標，爲便利計，皆設有編輯所。排印書籍原爲印刷所之事，本無須由書店自己兼營。但書店爲呼應便利計，大都附辦印刷所。就發行方面說，書店所製成的書籍，原可與別種商品一樣，除門售外，批發給販賣商銷行到外埠去，不一定要在外埠自設分店。但書店爲了要防止放賬上的危險及其他種種原因，皆於總店以外在重要都市另設分店。」「書店的機構龐大如是，非有巨大資本不能應付。可是按之實際，書店的資本薄弱得很。」爲了解決這種貪大求全與資本不足的矛盾，夏丏尊主張書業「另覓一條新途徑」，即「把出版機關與發行機關分立」，讓各出版社專營出版事業，而另成立一大型專職發行的機構，以大力增加發行效力。〔註17〕

然而，民國出版業的混業經營也是迫不得已，其益處也很明顯，至少對文學出版這一領域是如此。由於全民教育水平低下，文盲半文盲占人口的絕大比例，民國時期除了中小學課本和通用的工具書以外，一般圖書都只有幾千冊的印數，銷數差的甚至只有幾百。一般的報刊銷量也只有幾千上萬冊，連《申報》這樣的大報最高也只達到過 15 萬份的發行量。發行量低就難以保證出版機構的利潤，這就需要通過利潤率較高的印刷等輔業來彌補。當時商務、中華、世界所以能成爲出版界的翹楚，「唯一的基本條件是印數最多的教科書，商務、中華更是依靠印刷業的擴展」。1930 年代初，中華書局在幾乎倒閉的時候，就是靠利用股東關係將國民黨政府的公債券和紙幣的印刷業務包攬到手，獲取厚利才順利度過難關的。而其他各小出版社，如果沒有教科書或其它銷數較大的出版業，也沒有資本實力投資於印刷業，則往往都倏起倏滅，不能維持到十年二十年之久，更談不上什麼發展。〔註 18〕所以，出版業的混業經營模式有助於增強企業的生存能力，讓它們在免除了經濟壓力之後還有餘力追求文化品位和社會責任，從而在新文化與新文學的出版、傳播等方面有所動作。商務印書館原本就是從印刷廠起步的，靠印刷業獲利頗豐之後，才投資於新文學出版這種不太賺錢的領域。它與文學研究會合作，改辦

〔註17〕夏丏尊：《中國書業的新途徑》，上海《大公報》1945 年 12 月 27 日。

〔註18〕章錫琛：《漫談商務印書館》，宋原放主編：《中國出版史料（近代部分）》（第三卷），湖北教育出版社 2004 年版，頁 104。

《小說月報》，出版新文學書籍，爲新文學的發展做了許多貢獻。即使在《小說月報》逐漸蕭條之後，商務也始終保留了這塊新文學陣地，直到 1932 年公司因「一・二八」戰事受損才停刊。另一家有名氣的新文學出版機構——上海良友圖書印刷公司也是從印刷起家的，然後才轉向新文學出版，成功地創辦了《人間世》、《新小說》等文學雜誌，並在趙家璧的主持下著力於新文學書籍的出版。混業經營還包括涉足某些與出版關係不大的行業或業務，比如中華就曾利用自己出版中小學教科書的聲譽，開辦教具廠並在書店內附設了教育用品（教學儀器、教具、紙、筆）銷售處，從中賺到了一些利潤；商務也曾辦起印刷學校，對外招生，教學收費。據《1935 年上海市書店調查》，261 家書局、書店中有 65 家附帶有文具、儀器等項目的營業，其中除純粹販賣性質的書店外，從事出版發行業務的書局中就有 20 餘家兼營文具等副業，如世界書局、廣益書局、北新書局、女子書店、大東書局、開明書店、新亞書店等。〔註 19〕出版機構的這些非主業活動作爲一種經營手段，在當時確實是成功的，至少是增強了自己的生存能力與出版能力。

民國出版業的另一種混業經營模式是書報刊兼營，報社常常兼營雜誌與圖書的出版，而書局也往往兼辦雜誌。著名的《申報》在三十年代就辦有《申報月刊》、《申報周刊》、《申報年鑒》等雜誌，這些雜誌上常常刊載新文學作品；申報社還出版了《申報月刊叢書》、《申報叢書》，其中就包括《創作小說》等新文學圖書。而書局辦雜誌更是一個普遍的現象，一般規模較小的書店往往都要發行一兩種雜誌——沈從文、胡也頻、丁玲三人合夥辦的紅黑出版社就辦有《紅黑》、《人間》兩種雜誌，大的出版機構就更不用說了。據統計，商務歷年由自己編訂的期刊有 36 種，代爲發行的期刊種數爲 46 種，總數達 82 種之多；而中華書局前後出版發行的雜誌也有 40 種左右〔註 20〕；生活書店、上海雜誌公司、現代書局、光華書局、開明書店等也各自經營過幾十種雜誌。這些雜誌中許多就屬於較有影響的新文學雜誌，比如商務的《小說月報》、新月書店的《新月》雜誌、現代書局的《現代》、《現代小說》雜誌、光華書局的《萌芽》月刊，等等。可以說，書報刊兼營成爲一種基本的

〔註 19〕《1935 年上海市書店調查》，汪耀華編：《上海書業名錄（1906～2010）》，上海書店出版社 2011 年版，頁 28～55。

〔註 20〕王余光、吳永貴：《中國出版通史・民國卷》，中國書籍出版社 2008 年版，頁 227～228。

出版業態，大大地激活了民國的出版業。書報刊兼營主要有兩種情形：一是由出版機構獨立創辦刊物和自主經營，二是出版機構與其他文化團體合作。前一種模式商業性通常較爲明顯，因爲出版機構本身就是營利性質的，不贏利就無法生存。施蟄存在談到現代書局創辦《現代》雜誌的緣起時曾說：「他們（現代書局）要辦一個文藝刊物，動機完全是起於商業觀點。但望有一個能持久的刊物，每月出版，使門市維持熱鬧，連帶地可以多銷些其它出版物。」〔註 21〕這可以說是道出了當時書店兼營雜誌的一般性動機或目的。這類雜誌雖贏利至上，但也會聘請文化界、知識界人士來主持編務，有時也能給編輯人員較大的自由空間。著名的《現代》雜誌就在聘請的施蟄存等新文學家的主持下取得文學和市場的雙贏。由出版商主辦的雜誌一般發行能力較強，市場觸覺比較靈敏，故刊物的存活能力一般要比社團類、同人類刊物更強，《小說月報》、《現代》、《文學》等即是其例。另一方面，出版機構也常常與文化、學術團體合作辦刊，由後者負責編務，自己負責印刷、出版、發行和銷售。新文學初期最著名的兩個文學社團——文學研究會與創造社最主要的活動就是依託商務印書館、泰東圖書局等出版機構來創辦文學類雜誌。「五四」後新文學作家或團體創辦副刊性的文學小報，依託報紙來發行成爲十分普遍的現象，比如魯迅主編的《莽原》周刊、張友鸞、焦菊隱主編的《文學周報》都附在《京報》發行，淺草社創辦的《文藝旬刊》附在上海《民國日報》發行。文學雜誌性質上與新聞類報紙較遠而與圖書較近，所以發展到後來更多地依託書局來出版發行。魯迅編輯的《莽原》、《語絲》、《奔流》雜誌就由北新書局經營。胡風主編的《七月》、舒群主編的《戰地》、中國作家協會主編的《抗戰文藝》等文藝雜誌也交由上海雜誌公司出版發行。所以，文化社團與出版機構的聯手是民國時期一種重要的文化現象。文化學術團體擁有智力和知識資源，引領著學術文化的潮流和方向，正是出版機構需要倚重的；而書局擁有資金和出版發行資源，正是社團難以企及又可資利用的。兩者的互補與共濟促成了出版的繁榮與品質。

書報刊兼營可以提升出版機構的資源利用率，提升其贏利能力，這也是小型出版機構容易維持和成長壯大的一個重要原因。民國時期絕大多數出版機構都屬於私營性質的小企業，贏利能力較差，其中倚重新文學出版的小書

〔註 21〕施蟄存：《〈現代〉雜憶》，《沙上的腳迹》，遼寧教育出版社 1995 年版，頁 28。

局更是如此。新文學的讀者畢竟是一個小眾群體，所以新文學圖書印數普遍偏低，對其出版機構造成較大經濟風險。這時兼辦雜誌就可能是一個不錯的選擇，因爲雜誌內容豐富，售價低廉，更受讀者青睞。30 年代初，現代書局因爲出版蔣光慈的革命小說和《拓荒者》等革命刊物而遭到國民黨政府的查禁，損失慘重。後來，該書局通過創辦《現代》這份不具政治色彩的新文學雜誌，迅速辦出影響，雜誌的發行量可觀，爲書局賺取了不少的利潤。具體來說，書刊兼營的好處主要表現在：其一，許多出版機構都擁有自己較爲固定的編輯隊伍，出版社可以充分利用人力資源，讓這些編輯人員在搞出版的同時兼辦雜誌，甚至是兼充雜誌的主要撰稿人，不僅雜誌稿源可以得到保證，經濟上也合算——往往無須向編輯另外支付稿費。其二，許多大中型出版機構還擁有自己的印刷部門，可以書刊並舉，充分利用其印刷資源。其三，期刊一旦辦出影響，本身即可成爲書局新的利潤增長點。其四，期刊還是一種僅次於報紙的廣告媒體，不僅可以用來免費宣傳自己的出版物，還可以對外出售廣告版面，賺取廣告費。其五，期刊還有利於出版方和讀者之間的交流，使出版機構能迅速準確地捕捉到市場需求信息，以便及時推出相應的產品。其六，期刊上發表的作品還可以選編出版單行本，賺取雙重利潤。其七，期刊連續出版，容易爲讀者所知，有利於擴大書局的社會知名度。

三、商業競爭機制與小書局經營模式

如上所述，政府對出版業實行開放和鼓勵政策，導致辦刊辦社容易且成本不高，整個出版業的准入門檻極低，許多個人都有能力成立出版機構，比如邵洵美憑個人之力就創辦了金屋書店，蘇青則創辦了大地出版社。以資本而論，蔣光慈、錢杏邨等太陽社成員於 1927 年創辦春野書店時，四個發起人每人自認一百元作爲開辦基金〔註 22〕；沈從文、胡也頻和丁玲三人合夥，靠借來的一千元就開辦起了紅黑出版社；甚至，「二十五元，就是光華書局開辦時僅有的資本」〔註 23〕。另外，股份制、合夥制等現代商業模式的流行也導致成立出版機構相當容易，只要數人合夥投資或對外招股就能辦起出版機構。所以許多新文學團體和作家小圈子都辦起了書局或出版社，如未名社創辦了出版部，創造社辦有出版部，施蟄存、劉吶鷗、戴望舒創辦了第一線書

〔註 22〕吳泰昌：《郁達夫與太陽社》，《藝文軼話》，安徽人民出版社 1981 年版。
〔註 23〕張靜廬：《在出版界二十年》，上海雜誌公司 1938 年版，頁 113。

店和水沫書店，鄭振鐸等人創辦了上海出版公司，老舍、趙家璧創辦了晨光出版公司……這種合夥制中小型書局或書店成百上千，大多數只是一些僅有少量編輯人員和一兩家店面的中小型出版機構，甚至有的只是既無固定編輯人員，亦無印刷廠和店面的「皮包公司」，如聯華書局（一度改名爲聯華書店、興中書局、同文書局）和野草書屋等等。但偏偏是這種私營小書局活力十足，以其靈活而獨特的經營模式構成民國出版機制中的一個重要方面或特色，並且在新文學出版領域大放異彩。

小書局在出版方向選擇上善於另闢蹊徑，與大書局進行差別化競爭，在經營技巧上也勇於探索和創新，比那些大型書局要靈活得多。一般來說，大中型書局主要通過招股、擴股來籌措資金，壯大實力；小書局則創造了一些新的融資手段，比如面向讀者和社會上的一般民眾吸收存款，或者動員作者將應得稿酬作爲向書店入股的股份，這樣作者就變成了新股東，有義務爲書店服務，而書店則增加了新資本。蔣光慈、錢杏邨等創辦春野書店，郁達夫爲支持其活動，在該書店出版《郁達夫代表作》一書，並將所得版稅一千元全部捐給該社作爲活動經費。〔註 24〕開明書店則是吸收作者稿酬入股的老手。作家汪靜之曾把小說《耶穌的吩咐》和詩集《寂寞的園》交開明書店出版，兩本書的稿酬都直接轉爲股本投資開明。〔註 25〕《開明英文讀本》的作者林語堂也曾從版稅收入中拿出一部分投資開明。這樣的經營方法讓開明迅速地擴張成爲繼商務、中華、世界之後的第四大民營書局。小書局還想出了許多經營招術，比如常常以較大購買折扣爲優惠條件，吸引讀者在書刊未出版之前就交錢預訂，或是爲讀者設立郵購賬戶，吸收讀者購書存款。這樣可以收到短期融資之效，增加小書局的運營資本，增強其出版能力。

小書局的出現在很大程度上解決了新文學作家出版著作的難題。由於新文學的受眾較少，出版利潤不夠豐厚，大型出版機構往往對之不屑一顧。官辦的正中書局、拔提書局這類公營大書局把目光多放在經濟、政治、時局、軍事這樣的社會熱點領域，根本就不屑於涉足新文學領域；商務、中華、世界這類實力較強的民營大書局也把主要精力放在市場更廣闊的教科書、工具書（辭典、字典等）或通俗讀物之上。小書局因實力所限，難以在熱門的出

〔註24〕吳泰昌：《郁達夫與太陽社》，《藝文軼話》，安徽人民出版社 1981 年版。

〔註25〕汪靜之：《我怎樣從擁護女權當上了股東》，中國出版工作者協會編：《我與開明》，中國青年出版社 1985 年版，頁 89。

版領域與大書局競爭，只能另闢蹊徑。比如，小書局大多沒有自己的印刷廠和發行所，這就讓它們無力參與教科書這類贏利豐厚的出版領域；小書局也沒有實力招攬高級知識分子來辦編譯所等機構，所以也沒有能力在工具書、古代典籍這類大型叢書出版領域有所作爲；而新文學出版對編輯人才和資本的要求都不高，所以成爲小書局的佳選。在新文學出版方面卓有貢獻的北新書局、現代書局、開明書店、文化生活出版社、光華書店等最初都是小型書店，但在新文學出版方面的貢獻卻超過許多大書局。比如北新書局，自創辦起就傾力於新文學的出版，自 1925 年到 1949 年，該書局共出版文學類書籍 545 種，其中文學理論書籍 87 種、中國現代文學作品書籍 297 種、翻譯文學書籍 122 種〔註 26〕，魯迅、郁達夫、周作人、冰心、蔣光慈、郭沫若等是其核心作者。由於它在新文學出版領域的功績，一時間在上海出版業中享有「新文藝書店的老大哥」的美名。作家謝六逸當時還曾指出：「小書店常以刊行文藝書籍爲他們的主要的任務。……他們的牟利心，有的較大書店好些。」〔註 27〕許多小書店（如創造社出版部、春野書店、新月書店）屬於「同人」性質，是由文人或文學團體創辦和經營的，與由商人創辦和經營的商務、中華、世界等書局不同。同人性質的小書局主要是爲發表或出版同人的著作而設，商業利益的考慮雖有，卻不是首要的目標，因此在新文學的出版上較爲自覺和主動，甚至甘願賠錢賺吆喝。

小書局不僅填補了大書局在新文學出版方面的空缺處或薄弱點，而且大力扶持了新文學的青年作家。大書局往往出書門檻較高，有限的文學出版機會多分配給名家或故舊，既沒有名氣又沒有私人關係的青年作家是難入其法眼的。郭沫若當年因人微名輕，向商務投稿屢屢遭拒。曹聚仁曾怒稱當時的商務、中華那幾家大書店是「勢利眼」，「只重衣衫不重人」〔註 28〕。而小書局在爭奪名家稿源上競爭不過大書局，所以更有可能接受未名作家的稿件。而且，小書局在名作家或名流面前居於弱勢地位，這就讓它們不得不與名家之間形成一種利益交換關係，即無保留地接受名家的薦稿。新文學史上的許

〔註 26〕陳樹萍：《北新書局與中國現代文學》，華東師範大學 2006 年博士論文，正文，頁 97～98，引自中國知網「中國博士學位論文全文數據庫」。

〔註 27〕謝六逸：《大小書店及其他》，《茶話集》，上海新中國書局 1933 年版，頁 19～29。

〔註 28〕曹聚仁：《書的故事》，《出版史料》1990 年第 4 期。

多青年作家能獲得出版機會，就得益於名家或前輩們向小書局的推薦。魯迅曾推薦了許多青年作者的書稿給北新書局出版，而書局老闆李小峰從未拒絕；李小峰對於周作人介紹的稿件也是如此態度。〔註 29〕大量小書局的出現也有助於維持新文學作家職業化的體制，讓他們可以「賣文爲生」。當時許多小書局或書店既沒有編輯所，又無編輯人員，被稱爲「皮包編輯部」。它們需要稿件時，就去找著作人購買書稿。許多新文學作品就是通過這種賣書稿的方式而出版的。眾多的青年作家也往往依靠它們來生存，雖然他們常常責罵這些小書局、小書賈是「吸血鬼」，殘酷剝削作家，但沒有它們的存在，這些作家能否繼續從事其熱愛的新文學事業都會成爲問題。所以，眾多小書局的存在和活動，對於培養青年作家，助其成長都是有益的。

小書局甚至與「革命文學」這種特定的文學潮流的興旺結下了不解之緣。「革命文學」的創作主體多是貧窮的熱血文學青年，他們懷著對文學的熱情，辦起了不少小書店或「皮包書局」，以出版雜誌和圖書，宣傳革命和宣泄青春的熱情。另一方面，當時社會上一般青年讀者普遍都左傾和同情革命，且喜讀「革命」加「戀愛」一類的文學書籍，這也誘使經營靈活、投機性強的小書局紛紛出版此類書籍，或與革命文學作家合作辦刊物。於是，「年輕的革命作家和小書店互相利用，形成了革命文學流行的風貌」〔註 30〕。當時，姚蓬子主編的《萌芽》，蔣光慈主編的《拓荒者》，創造社主編的《洪水》等革命文學雜誌都交由現代書局、光華書局這樣的小書局發行。當時，小書店集中涌現，它們資金匱乏，力量薄弱，經營上的投機性較強，選擇革命文學是其商業策略的需要。1930 年國民黨的一份書籍審查報告中就清楚地反映出這一狀況：「在國內一班青年，又多喜新務奇，爭相購閱，以爲時髦。而各小書店以其有利可圖，乃皆相索從事於此種書籍之發行，故有風靡一時、汗牛充棟之況」〔註 31〕。

小書局依賴和尊重名家，也讓這些文壇領袖、文學名家在新文學出版方面擁有較大的話語權和影響力，能在一定程度上駕馭新文學的出版方向。魯

〔註 29〕陳樹萍：《李小峰：漸行漸遠的新文學出版家》，《淮南師範學院學報》2011 年第 1 期。

〔註 30〕李瑋、李瑞：《從現代書局的選擇管窺二十世紀三十年代文學出版變遷》，《文教資料》2010 年 12 月號下旬刊。

〔註 31〕陳之符：《從國民黨的內部報告看其文化專制統治》，《出版史料》1990 年第 2 期。

迅與北新書局，巴金與文化生活出版社的關係都是其例。文化生活出版社創建之初，老闆吳朗西等即認爲巴金是國內知名作家，擁有大量讀者，且有做編輯的經驗，於是力邀巴金回國主持編輯工作。該社在巴金的主持下，包容百家，唯文學藝術是舉，其出版的創作性質的大型叢書《文學叢刊》前後賡續十餘年，統共印行了160種，涉及作家多達86位，既有魯迅、茅盾、鄭振鐸、巴金、沈從文、魯彥、張天翼等名家，又有艾蕪、曹禺、麗尼、卞之琳、劉白羽、陳荒煤等當時初露頭角的文學青年。該社出版的《文化生活叢刊》、《譯文叢刊》則將《死魂靈》、《上尉的女兒》、《獵人日記》、《雙城記》、《包法利夫人》、《復活》、《安娜・卡列尼娜》、《戰爭與和平》、《父與子》、《簡愛》等一大批世界名著介紹給了中國讀者。而夏丏尊、葉聖陶、豐子愷等著名新文學家也有力地介入了開明書店的出版事業之中，對開明書店在新文學出版方面施加了有力的影響。魯迅、巴金、葉聖陶這類文學名家高度介入小型出版機構的經營運作，從整體上維護了新文學出版的水準，堅持了出版的文學標準。許多新文學作品（如新詩）雖然沒有讀者市場，難得贏利，卻由於新文學名家們的作用，得以在小書局出版。總之，眾多小書局的出現有力地平衡了大書局對新文學的牽制，讓整個新文學的出版不只是圍繞著經濟利益而運行，而是在很大程度上體現了新文學家們的文學理想，按照文學場自身的邏輯來運行。

小書局實力有限而且經營困難，爲了生存下去難免就會幹出一些「盜版」、「翻版」之類的不光彩的事情。三四十年代的幾套大型作家選集叢書——上海萬象書屋的《現代創作文庫》22 種、上海倣古書店的《現代名人創作叢書》25 種、上海全球書店的《現代十大名家代表作》10 種、上海新象書店的《當代創作文庫》25 種、上海三通書局的《現代作家選集》11 種、上海綠楊書屋的《現代文藝選輯》10 種等，都是未經作者授權的盜版或翻版書。筆者所見的 13 種茅盾選集中就有 9 種屬於盜版。巴金在 1947 年抱怨說：「我的著作遭受編選、翻版諸專家的摧殘，不知道有若干次，現在我手邊就有八本所謂《巴金選集》之類的東西。」〔註32〕但必須承認，這種廉價的盜版、翻版書更有利於新文學的傳播和社會影響的擴大。盜版叢書《現代創作文庫》的編選者徐沈泗、葉忘憂就爲這種盜版書或翻版書辯護說，新文學書籍的定價

〔註32〕巴金：《巴金文集・前記》，上海春明書店 1948 年版。

太高，數倍於通俗小說的定價，讓普通讀者買不起，而盜版或翻版書定價低廉，一折再八扣，銷路往往超過了正版書的好多倍，這將有利於新文學「奪取大多數的讀者」〔註 33〕。小書局盜印新文學作品成風，不僅可以將新文學向平民階層人群滲透，也有利於打破新文學傳播上的地域局限。當時，新文學出版的中心在上海，上海幾乎集中了全中國半數以上的文學雜誌和書局，但眞正具有全國發行能力的又只是極少數，這就常常讓遠離上海的邊遠地區難以見到新文學出版物。而這又恰恰給外地小書局和冒牌書店的盜版提供了機會。30 年代的北平即是盜版新文學書籍最猖獗的地方。抗戰時期，中國疆域分裂爲國統區、解放區和淪陷區，各自爲政，也爲新文學的傳播製造了地域限制。而盜版也有助於打破這種局面。當時淪陷區和解放區的一些書店就經常盜印國統區出版的新文學書籍。

結　語

考察民國時期的出版機制，還應該將其放在近現代以來中國出版體制發展演變的歷史大背景中來觀照。相對於後來新中國完全意識形態化、國有化的出版體制和嚴密有效的行政管制，民國時期民營化、市場化的出版體制和漏洞百出的政府管控模式給文學出版留下的自由空間更大，在這種總體表現爲「出版自由」與「商業自由」的體制和模式下，眾多的大大小小的文學出版機構自由涌現，生生不息。「新文學」三十年的繁榮正是這眾多生命短暫但卻充滿活力的報刊、書局共同托舉的結果，尤其是那些小型私營出版機構，對新文學的貢獻不容小覷。而反觀整個「十七年」和「文革」時期，中國大陸的文學期刊的總數也不過只有幾十種，文學出版社也只有十餘家，它們都由國家包養，生存無憂，卻都被嚴密地管控著，沒有什麼自由和活力，嚴重制約了文學的繁榮和發展。即使到了今天，辦雜誌也必須掛靠某個國有單位，確定某個上級主管機構，個體書商搞出版也必須依託於國有出版社的書號資源，編審權都歸屬於後者。所以，民國時期的出版機制雖有這樣那樣的不足或弊端，但就其行業准入的開放程度和出版機構市場運營的活力等方面而言，甚至超過了今日的程度。至少，民國時期沒有「官刊／民刊」、「個體書商」或「民營書商」之說。這不能不引起我們今天的反思。

〔註 33〕徐沈泗、葉忘憂：《現代創作文庫序》，載《葉紹鈞選集》，上海萬象書屋 1936 年版。

傳統詩歌對中國新詩發展之影響
——「白屋詩體」對杜詩的接受

彭　超*

吳芳吉於 1896 年生於重慶。他一生致力於詩歌創作，創造出獨樹一幟的的「白屋詩體」。「白屋」一詞源於吳芳吉重慶江津老宅名。其父鑒於當時江津民風、民俗混濁不堪，將所居住之宅刷爲白色，並取名「白屋」，以表示出污泥而不染之意。吳芳吉將自己所創作詩歌取名爲「白屋詩體」，一方面表達自己人格高潔之意，另一方面表示自己詩體探索的獨樹一幟。「白屋詩體」在形式上，表現爲不拘格套，律詩、自由詩、歌謠體皆可自由用之；在語言形態上，呈現爲不拘泥於文言與白話，而是根據詩歌表達需要而選用之，並不爲所謂的新體詩、舊體詩所限制。「白屋詩體」的創作宗旨是「三日不書民疾苦，文章辜負蒼生多」。〔註 1〕在內容上多是關注底層大眾在戰亂之中的顛沛流離。

「白屋詩體」的誕生既緣於中國新詩運動，也得力於傳統詩歌的影響。前者體現在「白屋詩體」對於中國新詩誕生之際「新」、「舊」兩派的批判接受，後者體現在對杜詩的傳承創新。

吳芳吉一生最愛杜甫，在《成都紀行》中寫道：「幼讀少陵詩，深識少陵志。一生愛此翁，發願爲翁寄。」〔註 2〕從洛陽到長安，從成都草堂到夔州，「老杜所遊諸地，今追步殆遍矣」〔註 3〕。吳芳吉無論在主體人格還是詩歌創

---

* 彭超（1976～），女，西南民族大學文學與新聞學院講師，文學博士。

〔註 1〕賀遠明、吳漢驤、李坤棟選編《吳芳吉集》，巴蜀書社， 1994 年，頁 53。

〔註 2〕吳芳吉著，賀遠明、吳漢驤、李坤棟選編《吳芳吉集》，巴蜀書社，1994 年，頁 291。

〔註 3〕賀遠明、吳漢驤、李坤棟選編《吳芳吉集》 ，巴蜀書社， 1994 年，頁 53），

作皆深受杜甫影響。吳芳吉「三日不書民疾苦，文章辜負蒼生多」的愛民思想是對杜甫「致君堯舜上，再使風俗淳」的傳承。吳芳吉的「白屋詩體」也深受杜詩影響。

一、杜詩藝術對吳芳吉詩歌創作的影響

二十世紀初葉，中國新文化運動正開展得如火如荼，中國詩歌也經歷了有史以來最激烈的變革，諸如「詩界革命」、「白話運動」等詩歌運動在關於如何表現詩歌的內容以及形式等方面，對中國詩歌的發展都提出了新的要求。中國文壇上新派文人、舊派文人的紛爭，使得中國詩歌的發展面臨一條非「新」即「舊」的二元選擇。但是，吳芳吉詩歌創作卻有別於當時文壇的主流詩歌流派，其創作道路並沒有遵循當時主流詩歌流派所提出的要求與規則，而創造出了獨具特色的「白屋詩體」。

「白屋詩體」對傳統詩學的繼承主要表現爲杜詩對其的影響。吳氏詩歌創作在對待前人的態度上與杜甫是一致的。杜甫「轉益多師是吾師」的態度，使得他不輕易排斥前人的詩歌成就，子美在「集大成」的同時又「開詩世界」，杜甫在繼承前人詩歌成就的同時又有革新和創造，並不只是簡單地一味繼承。杜甫詩歌創作並不與當時盛行的詩風相類，而是大量引議論入詩，這與唐人所主尚的含蓄蘊籍是相悖的，但卻被後人譽爲首開宋調先聲。吳氏詩歌創作在對待前人成就與今人創作的態度上與杜甫是完全一致的，並沒有簡單地以「新詩」或「舊詩」的標準來進行詩歌創作，而是創作出了以繼承杜詩精神內涵爲實質的「白屋詩體」。「白屋詩體」的形成與產生標誌著吳芳吉詩歌創作已經形成了自己獨特的個人風格，同時也標誌著吳芳吉詩歌創作的成熟。

吳芳吉「白屋詩體」詩歌創作在語言藝術的運用和詩體形式的創新上受杜甫的影響是非常明顯的。

1、語言藝術的影響

杜甫爲增強詩歌的表現力，大量學習、吸收、提煉和運用民間俚語、俗語、諺語和方言入詩，使得其詩歌語言既有新鮮、活潑、明白曉暢的特點，充滿了濃厚的生活氣息和民間色彩，又能準確、生動地反映和描寫普通百姓

頁 92。

的生活和思想，具有很強的表現力。杜甫的「三吏」「三別」的語言，其口語化和通俗化是其主要的特色，如《新安吏》中「中男絕短小，何以守王城。肥男有母送，瘦男獨伶俜」；《新婚別》中「生女有所歸，雞狗亦得將」；《無家別》中「四鄰何所有，一二老寡妻」等，語言皆明白如話，通俗易懂。杜甫這種以表現詩歌內容為中心，不避以民間俚語入詩的詩歌表達方式，對吳芳吉詩歌創作的影響是很大的。

吳芳吉「白屋詩體」不追逐文壇潮流，自成一家，其詩歌理論既有現實依據，也有對傳統詩歌理論的繼承和借鑒，其創新精神中也可見出杜甫的影響。就詩歌創新而言，「白屋詩體」語言變革對杜甫詩歌創作具有傳承性。吳芳吉「白屋詩體」語言不拘泥於文言白話，而是根據詩歌內容的表達需要而定。在吳芳吉看來，語言形式只是表達情感的載體而已，所以其選擇語言不為追逐潮流而刻意「創新」。如《兩父女》，內容描寫的是父女倆相依為命的苦難生活，「月光皎皎映土室，冷如冰澆。襯出個斷柏支床，離地盈尺高。正父女兩人，蜜甜甜，睡悄悄。爛絮一幅用麻包，麥杆一紮作枕靠。鼠子叨叨，翻弄他床頭鍋灶。」〔註 4〕「月光皎皎」是古典詩歌常用辭彙，但「正父女兩人，蜜甜甜，睡悄悄。爛絮一幅用麻包，麥杆一紮作枕靠。鼠子叨叨，翻弄他床頭鍋灶。」則為明白曉暢的白話語言。再如《婉容詞》，描寫的是婉容投江自殺後天地蕭瑟之景象，「野闊秋風緊，江昏落月斜。只玉兔雙腳泥上抓，一聲聲，哀叫他。」〔註 5〕前句以秋風、曠野、落月傳統意象勾勒出一幅蕭瑟之景象，後句則以純口語白話寫出婉容孤寂一人離去，無人為之哀悼，只有白兔為她送別。正如胡適自謂「白話運動」非中國文化史上開天闢地第一回，而是文化變革經歷中一個環節而已，吳芳吉詩歌語言變革同樣如此。在吳芳吉看來，所謂文言白話不過是表情達意的工具，對語言的選擇主要是根據情感表達的需要而定。吳芳吉認為「總之，所謂白話、文言、律詩、自由詩 Free Verses 等，不過是傳達情意之一種方法，並不是詩的程度。美的程度，只為一處。至於方法，則不必拘於一格。今新詩舊詩之故意相互排斥，都是所見不廣。」〔註 6〕杜甫為吳芳吉景仰之對象。杜甫創作七律，

〔註 4〕賀遠明、吳漢驤、李坤棟選編《吳芳吉集》，巴蜀書社，1994 年，頁 53，91。
〔註 5〕賀遠明、吳漢驤、李坤棟選編《吳芳吉集》，巴蜀書社，1994 年，頁 53），頁 91。
〔註 6〕吳芳吉著，賀遠明、吳漢驤、李坤棟選編《吳芳吉集》，巴蜀書社，1994 年，頁 422。

打破傳統習俗，以口語入詩。胡適倡議白話運動，對元稹、白居易推崇備至，卻忽略了「元白詩派」（元白體）實乃淵源於杜甫的詩歌創作。「七律本宮廷應制之作，多華貴之氣，而杜甫卻偏以口語入詩。他如『秋水才深四五尺，野航恰受兩三人』『春山無伴獨相求，伐木丁丁山更幽』等皆屬此類。雖無麗藻，然樸素深摯，情眞意切，杜甫之前未曾有。至元和、長慶年間，元、白之流相襲不棄，竟成風氣。及至晚唐李山甫、杜荀鶴手中，依然如此。然首創此風者，當爲老杜。」〔註 7〕

吳芳吉詩歌創作深受杜甫影響，在詩歌中亦大量以口語、俚語入詩，亦因此受到其良師益友吳宓的嚴厲指責，甚至以絕交相威脅。但吳芳吉堅持自己的詩歌創作理念，不爲所動。但同時，吳芳吉對文言的保留又遭來新派文人的橫加指責。同鄉康白情抱著以拯救吳芳吉，避免他陷入舊派文人行列的目的，極力勸說吳芳吉放棄以文言創作詩歌，但被吳芳吉嚴加拒絕。吳芳吉的詩歌創作即使被當時詩歌主流派別指責爲「非驢非馬」，受到新舊兩派文人的抵制與排斥，但他也始終堅持自己的創作理念，並沒有作任何妥協和放棄。吳芳吉不爲潮流所動，不被利益所誘，不懼威脅相逼。堅持自己的詩歌創作理念與追求，這種執著精神與杜甫精神是一脈相通的，亦彰顯了他「幼讀少陵詩，深識少陵志。一生愛此翁，發願爲翁志」的人生宏願。

2、詩體形式的傳承

樂府詩產生於漢代，自漢武帝正式創立樂府官署，樂府詩也就成爲了中國詩歌文學中一種新的表現形式。漢樂府中如《戰城南》、《東門行》、《婦病行》等民歌，均以描寫社會底層人民的生活，反映社會現實，表達社會底層民眾的心聲，具有強烈的現實主義批判精神。班固《漢書‧藝文志》稱其「皆感於哀樂，緣事而發」，且「可以觀風俗，知厚薄」，這是樂府詩的本質特徵和精神內核，但是樂府詩發展至六朝到唐代，所表現的題材範圍日趨狹小，內容也愈加空虛，逐漸脫離了社會現實。杜甫的「新題樂府」詩就是對傳統樂府詩體式的開拓與創新，對漢代樂府詩歌本旨和精神內核的回歸。杜甫不僅在表現內容上對當時的樂府詩歌進行開拓和創新，而且在形式上也是不拘條規舊習，進行大膽的變革。杜甫對《兵車行》、《麗人行》、《石壕吏》等題目的命名，便是完全拋開傳統樂府詩命題方式，依據內容自行命題，這就是

〔註 7〕孫琴安《唐七律詩精評》，上海社會科學院出版社，1989 年第 1 版，1990 年第 2 版，頁 101～102。

元稹所說的「率皆即事命篇，無復依傍」（《樂府古題序》）。杜甫對樂府詩的內容和形式都作革新，開創了「即事名篇」的「新樂府」，使得樂府詩從此有了「新樂府」、「舊樂府」之分別。

吳芳吉的「白屋詩體」詩歌所表現出來的創新精神與杜甫是完全一致的。吳芳吉樂府詩創作也是「即事名篇」，不拘一格，例如《摩托車謠》、《曹錕燒豐都行》、《非不為謠》、《賣花女》、《短歌行》、《痛定思痛行》等等，皆表現出了與杜甫「新題樂府」詩相同的特點和精神實質。由此可見，吳芳吉詩歌創作隨物賦形，率事名篇，眞正做到了新文化所提倡的「自由」，即不以傳統定規為藩籬，也不以當代權威為偶像，同時也不以派別為標籤，對新舊文化之優長皆採用之。吳芳吉「白屋詩體」的誕生，是延續杜甫之勇於創新精神的具體表現。

3、傳承與創新

一時代有一時代之文學。吳芳吉之「白屋詩體」在傳承杜甫現實主義詩風的同時，時代的風潮也賦予了吳芳吉「白屋詩體」新的角度與視野。

一方面，受時代風潮影響，「白屋詩體」在語言上大量採用口語俚語入詩，較之杜甫詩歌在語言「平民」化上可謂百尺竿頭更進一步。例如《婉容詞》「他說：『我非負你你無愁，最好人生貴自由。世間女子任我愛，世間男子隨你求。』」〔註 8〕詩歌幾乎全部運用口語白話入詩。這種以俗語入詩的特點，既有受到杜詩語言藝術影響的影子，更有時代思潮如「平民文學」、「啓蒙文學」的烙印。時代風潮對「白屋詩體」的影響還體現在其詩歌形式的多樣。

另一方面，「白屋詩體」形式不拘泥於所謂的「新」、「舊」，而是根據抒情達意之需要而定。就題材而言，「白屋詩體」有絕句、律詩、賦、自由詩、歌謠體、樂府詩歌，例如《清明》「小婦縫衣趁曉明，春衣和暖受風輕。……日暮推窗閒展讀，蜀山爭入晚簾來。」〔註 9〕；《兒莫啼行》「兒莫啼，兒啼傷娘心。啼多顏色減，心傷瘦不禁。朔風凜且烈，氣涼夜已深。憶昨洪憲初，兵馬來駸駸。驅男作俘虜，驅女作浮蘋。」〔註 10〕；《賦丈人八首》「丈人在山南，結廬江之滸。慶生四十春，藹藹上眉宇。……」〔註 11〕；《秧歌樂》「秧

〔註 8〕賀遠明、吳漢驤、李坤棟選編《吳芳吉集》，巴蜀書社，1994 年，頁 87。
〔註 9〕賀遠明、吳漢驤、李坤棟選編《吳芳吉集》，巴蜀書社，1994 年，頁 7。
〔註 10〕賀遠明、吳漢驤、李坤棟選編《吳芳吉集》，巴蜀書社，1994 年，頁 18。
〔註 11〕賀遠明、吳漢驤、李坤棟選編《吳芳吉集》，巴蜀書社，1994 年，頁 42。

歌樂，溪山冰解濕雲薄。草地亂鶯飛，池塘群鯉躍。春田平似玉磨琢，春泥軟騰氈毹托。殘兜裝轂兩三回，密密撒去疏疏落。撒了山腰又山腳，石磯小憩村烟廓。一粒之栗萬顆獲。秧歌樂，秧歌樂。……」；〔註12〕《巴人歌》「巴人自古擅歌詞，我亦巴人愛《竹枝》。巴渝雖俚有深意，巴水東流無盡時。……我非排外好興戎，我爲正義懲頑凶。我知前路險重重，我寧冒險前行峰。我今遭遇何所似？我似孩提失保姆，倭兒蠢蠢似蟻蠓。群盜囂囂似蟣虱，諸公袞袞似蛔蟲。蕩滌行看一掃空，還我主權兮還我衷。和平奮鬥救中國，紫金山下葬孫公。」〔註13〕形式自由靈動的「白屋詩體」消解了中國新詩壇對舊體詩的顧忌，避免了散文化、形式化的不良趨向。其大膽革新對於中國新詩的發展無疑提供了又一面可供借鑒的鏡子。

吳芳吉對杜詩的傳承與創新，顯示出傳統詩學對新詩的影響。新詩在傳統詩學的浸潤之下，根深則葉茂，也才會有獨具特色的「白屋詩體」產生。

二、「道」之延續流變

中國傳統詩文文學創作皆講究以文載道，所謂「道」，主要是指儒家的人生觀和價值觀，概而言之主要是「仁政」和「民本」的思想，體現在中國知識分子身上，則表現爲對國家對社會的一種擔當精神和責任感。「先天下之憂而憂，後天下之樂而樂」（范仲淹《岳陽樓記》）就是這種「道」的精神的具體體現。杜甫被稱爲愛國詩人，其詩歌充滿著強烈的愛國主義精神，一生心繫國家和人民，儒家的「仁政」和「民本」思想在他的詩歌裏是隨處可見。宋人以「道」論人論文，對杜甫極其地推崇和崇敬，並將其詩歌目爲中國古典詩歌的最高典範。吳芳吉自幼接受中國傳統文化的教育和薰陶，和杜甫一樣深受儒家文化的影響，稱自己「一生愛此翁，發願爲翁志」，在其詩文創作中表現出了與杜甫同樣的愛國憂民的偉大愛國主義和人道精神。杜甫精神在吳芳吉的詩歌裏得以延續和弘揚。

1、道之傳承

首先，兩者都同樣具有同情弱勢群體的人道主義關懷。杜詩《石壕吏》、《兵車行》、《無家別》等都是關注底層百姓生活之困苦。「安得廣廈千萬間，大庇天下寒士俱歡顏，風雨不動安如山！」杜甫在自身遭遇不幸之際，依然關

〔註12〕賀遠明、吳漢驤、李坤棟選編《吳芳吉集》，巴蜀書社，1994年，頁54。

〔註13〕賀遠明、吳漢驤、李坤棟選編《吳芳吉集》，巴蜀書社，1994年，頁339～341。

心天下寒士之命運。吳芳吉和杜甫一樣，具有高尚之人格。吳芳吉非富家子弟，生活貧苦，正如其詩歌《海上行》中描繪的一樣：「棉衣破兮夾衣裂，寒氣入闈橫砭骨。手如冰兮足如鐵，蒙頭伏枕夢不發。」甚至連惡狗也會仗勢欺人侮辱吳芳吉，如：「主人見吾窶，藏其箕與帚。箕帚值百錢，防我暗伸手。鄰犬見吾吠，張牙嫌我穢。」〔註 14〕縱然條件如此之艱辛，但吳芳吉對弱小的乞食兒童依然會傾囊相助。正因爲主體具有高尚的人格特質，所以杜甫和吳芳吉的詩歌皆關注社會底層百姓的苦難生活，使詩歌具有了「史詩」的品格。

其次，兩者詩歌皆以史詩的筆法展現歷史眞實。「詩聖」杜甫以史詩的筆觸寫出唐朝安史之亂後人們生活的艱辛困苦，爲後人展現一幅幅歷史畫卷。杜詩《兵車行》描寫戰爭造成千里荒野，百姓的生命之輕，還不如雞犬「況復秦兵耐苦戰，被驅不異犬與雞」(《兵車行》)。杜甫筆下之悲劇非歷史終點，到了民國年間還在繼續上演。吳芳吉之《兒莫啼行》「願爲太平犬，勿作亂世民。爲犬猶爲主，爲民誰與親！」〔註 15〕詩歌以簡練的語言，生動描繪出袁世凱稱帝帶來的社會動亂，以及百姓生命如草莽的沉重災難。老百姓的困苦無人問津，老百姓的冤屈無處述說。《兩父女》從幼女的視角寫出家庭的離散之痛，幼小女童眼睜睜看著母親被殺，家產被搶，自己無奈被送與他人，而離開了自己唯一的親人—父親。詩歌語言通俗質樸，以白描手法勾勒父女倆窮困凄涼的處境。吳芳吉詩歌創作以現實主義手法爲主，描繪底層大眾的生活狀況，以史詩的筆觸寫出民國時期民眾在軍閥混戰之下生靈塗炭的一幅幅歷史畫卷。《赴成都紀行》寫出軍閥混戰，官吏虐民，人民在死亡線上掙扎而朝不保夕的一系列慘狀。吳芳吉的詩歌就是當時一幅幅老百姓苦難生活的素描。他行至永川時看到的則是「路死誰家兒，半身濫泥涴。云是遠行客，疾發無人管。門內游子栖，門外冤魂濟。」〔註 16〕從永川到郵亭鋪六十里之間，觸目所見皆是荒僻之景象，民家盡爲兵匪所毀。「一年三預徵，年復兵戈創。有田不足耕，父子難相養。……空山無一人，寒鴉守亭鄣。」〔註 17〕這和杜甫「君不聞漢家山東二百州，千村萬落生荊杞。縱有健婦把鋤犁，禾生隴畝無東西。」(《兵車行》) 展示的歷史畫卷是何其的相似。到隆昌時看到的又是

〔註 14〕吳芳吉《海上行》，吳芳吉著，賀遠明、吳漢驤、李坤棟選編《吳芳吉集》，巴蜀書社，1994 年，頁 19。
〔註 15〕賀遠明、吳漢驤、李坤棟選編《吳芳吉集》，巴蜀書社，1994 年，頁 18。
〔註 16〕尹朝國主編《吳芳吉詩文選》，成都吳芳吉研究協會出版，2004 年初版，頁 59。
〔註 17〕同上。

「君看城邊路，累累掛人頭」〔註 18〕。行至簡陽時看到流民眾多，娼妓比良家婦女還多：「就坐不及瞬，流民聚若毛。前方圍乞丐，後席列娼僚。……諸姬閒不語，但笑自垂髫。眼枯知淚竭，身軟步搖搖。」娼妓也是可憐人。今日的成都與往昔相比：「憶昔來此日，正當宣統時。夜行無吠犬，草木有華滋。涵濡忘其美，但如不自私。今我重來此，竟日見人稀。望顏皆可畏，交語互生疑。黠猾移天性，禮讓轉驚奇。」〔註 19〕吳芳吉對現實苦難的關注，師承杜甫，正如其在《赴成都紀行》所寫「幼讀少陵詩，深識少陵志。一生愛此翁，發願爲翁志」。

2、「道」之嬗變

吳芳吉與杜甫之憂患意識在具體表徵上卻有所不同。吳芳吉傳承了杜甫的愛國情懷，但這份情懷由於時代、地域、文化等因素的不同，兩者之間亦存在有差異性。

杜甫是儒家文化的典型代表，遵循「君君臣臣、父父子子」秩序，視天子爲眞理、光明的化身。杜甫的「致君堯舜上，再使風俗淳」，其中「風俗淳」的核心是關心大眾，但其「致君堯舜上」依靠的力量卻是君主。近代「民主」、「自由」之風，使「天子」之地位被「大眾」置換，體現爲吳芳吉之「三日不書民疾苦，文章辜負蒼生多」。同樣關注天下蒼生，大眾中的知識分子成爲了堅強詩文力量，文人以「文章」爲武器尋求救國之道。杜甫生活在封建帝王時代，天下是帝王一人的天下，所謂「溥天之下，莫非王土；率土之濱，莫非王臣」。那時的知識文人報效國家，欲達到「修身齊家治國平天下」的夢想，唯一的途徑只能依靠科舉之路，方能面見聖上進而諫言獻策。杜甫滯留京城，即使生活窘迫，遭受「朝扣富兒門，暮隨肥馬塵」的酸楚，亦堅持了十年之久。這般堅守背後的動力來自於他相信唯有在君王側才能施展自己的政治理想。封建時代儒家思想一統天下，儒家核心便是忠君思想。杜甫詩歌中的「故園」往往非指杜甫出生地河南，而是指當時的京城長安。因爲長安是他人生理想實現之地，被寄予杜甫太多的期待和嚮往。例如「叢菊兩開他日淚，孤舟一系故園心」。杜甫在這樣的時代背景下，仰視君王，寄希

〔註 18〕尹朝國主編《吳芳吉詩文選》，成都吳芳吉研究協會出版，2004 年初版，頁 60。

〔註 19〕尹朝國主編《吳芳吉詩文選》，成都吳芳吉研究協會出版，2004 年初版，頁 62。

望「風俗淳」於君王也是自然而然之事。再者，便是地域文化因素也參與其中。河南與巴蜀之地域文化特質不同。河南是中原文明重鎮，深受儒家文化侵染。杜甫出生於儒家思想氛圍甚濃的中原河南，杜家又是儒家世家，地域文化與家風的薰陶與時代背景相結合，鑄就杜甫典型的儒家文人性格。

吳芳吉處於帝王思想崩潰、民主自由之風盛行的民國時代。吳芳吉生活的時代封建帝制土崩瓦解，西方民治維新思想席卷中國知識界。忠君思想被「民主」、「自由」所取代，愛國情懷也不再以君主爲依靠力量，而是民眾。當民眾還處於蒙昧狀態之際，對其的啓蒙則成爲近代知識分子持之以恆的追求。中國文化得變革便是在這樣的背景之下開始。文學革新不是爲「文學」而「革新」，而是爲國家和民族。文學已經被賦予了拯救民族危亡的時代重任，魯迅、郭沫若的棄醫從文便是典型的案例。吳芳吉生處於這樣的時代，同樣也相信文學能擔當此重任，所以吳芳吉愛國情懷視角不是向上仰視君王，而是體察民眾之苦並訴諸於文學，以此期待能喚醒大眾的反抗意識，拯救國家民族與水火之中。同時，從地緣位置分析，吳芳吉生爲巴人，其深受巴蜀文化影響。巴蜀在歷史上是化外之地，民風民俗迥異於中原河南，文化內涵既有浪漫飄逸之風，又充滿叛逆精神。巴蜀文化具有不崇尚權威、追求自由的精神特質。近代的鄒容寫出影響時代的《革命軍》，同代的郭沫若喊出打破偶像權威的時代最強音《女神》，這些都是例證。時代的浪潮與其天生具有的叛逆特質，都使吳芳吉對杜甫「道」之傳承具有異質性。「道」的嬗變也使吳芳吉詩歌中愛國情懷在表達上與杜甫不同。吳芳吉詩歌較少「故園」意象。吳芳吉詩歌關注百姓在戰亂之中遭受的顛沛流離。詩人歸結其禍根，將矛頭指向魚肉百姓的軍閥與侵略中華的外來勢力。這也彰顯了巴蜀文化不懼權威之精神特質。

憂患意識是中國知識分子具有的一貫情懷。憂患意識在不同時代則有不同的內涵，吳芳吉對杜甫精神之傳承，其憂患意識同中有異，異中有同，相同之處便是對國家民族的熱愛，不同之處便是這份熱愛因爲時代、地域等因素的不同，使得這份情感具有不同的視角，昔日萬能的「君王」換爲今日的芸芸「大眾」，所以便有了「致君堯舜上，再使風俗淳」到「三日不書民疾苦，文章辜負蒼生多」的傳承演變。

吳芳吉，這位當年被梁啓超欽慕並預言定能爲詩壇開闢新世界的詩人卻英年早逝。〔註 20〕1932 年，他離開人世，年僅 36 歲。他的離世如隕星墜落，整個四川文化界爲之悲慟。在成都召開的追悼會上，聚集了當時社會名流便達三百多人。〔註 21〕他的影響力也輻射至川外。當時，在南京國立中央大學任教的柳詒徵教授聞此噩耗，立即賦詩一首，以表哀悼，詩云：「倭奴寇瀏河，曾讀巴人歌。巴人之歌聲未已，河端白川相踵死。我意巴人聞之必狂喜，更將搖毫吮墨，爲吾滬太崑嘉作詩史。一書天上來，未啓心疑猜，蜀中摯友何事諮詢哉？開緘讀未竟，酸淚隨聲進，白屋詩人乃短命。」（《哀吳碧柳詩》）〔註 22〕毛澤東在分析中國新詩發展道路時，曾高度評價吳芳吉爲「芳吉知春，芝蘭其香」〔註 23〕，喻其爲現代文學早春的芝蘭，香滿詩壇。臺灣學界則追悼吳芳吉爲民國開國詩人〔註 24〕。

吳芳吉開創的「白屋詩體」在中國新詩壇具有獨特之意義。對其的挖掘整理，不僅豐富了新詩發生的歷史現場；在中國新詩發展的當下，對於新詩之未來發展也具有借鑒的現實意義。

〔註 20〕摘自梁啓超與吳宓函，成都市文學藝術界聯合會、成都吳芳吉研究會編《吳芳吉研究》，頁 23。

〔註 21〕《李劼人選集》第五卷，四川文藝出版社，1986 年，頁 39。

〔註 22〕參見吳相湘《民國人物列傳》上，中國大百科全書出版社，2009 年，頁 110～111。

〔註 23〕文強《青年追憶》，引自，成都市文學藝術界聯合會、成都吳芳吉研究會編《吳芳吉研究》，成都中國文聯出版社，2010 年，頁 23。

〔註 24〕參見吳相湘《民國人物列傳》上，中國大百科全書出版社，2009 年，頁 82～112。

新浪漫與國民性

姜　飛*

許多年以後，想起沈雁冰曾經提倡新浪漫主義的往事，茅盾說，「『新浪漫主義』這個術語，二十年代後不見有人用它了，但實質上，它的陰魂是不散的」〔註1〕。

茅盾的說法有正確之處，新浪漫主義當然是「陰魂不散」，後來所謂「革命的浪漫主義」〔註2〕，本質上即屬於沈雁冰當年介紹、界定、美化和推崇的「新浪漫主義」。然而茅盾的說法也有不確之處，因爲「二十年代後」依然有人使用「『新浪漫主義』這個術語」，譬如，1930年代的民族主義文藝論者。

中國的新浪漫主義文學思潮，其概念和實踐與歐洲、日本差異迥然，曾被簡化和美化以將就中國語境，在1930年代及其之後捲入了中國左翼和右翼的革命，從而形成了「革命的浪漫主義」，更捲入了國民性思考，且將這一思考代入了民族主義文學運動的方法論公式，展開革命政治與國民啓蒙的運算。

一

在1920年，「新浪漫主義」（Neo-romanticism）突然成爲中國主要文藝和思想刊物上的新術語，田漢、沈雁冰、汪馥泉、胡愈之、郭沫若等人麇集周

---

* 姜飛（1972～），四川資中人，四川大學文學與新聞學院講師。

〔註1〕茅盾，夜讀偶記，茅盾評論文集（下），北京：人民文學出版社，1978年，頁2。

〔註2〕1938年4月，毛澤東爲魯迅藝術學院題詞：「抗日的現實主義，革命的浪漫主義。」1958年4月，郭沫若提出「革命的浪漫主義和革命的現實主義」相結合，參閱郭沫若，郭沫若同志答《文藝報》問，北京：文藝報，1958年第7期。張道藩1954年在臺灣也提倡「革命的浪漫主義」與寫實主義相結合，參閱張道藩，三民主義文藝論，張道藩先生文集，臺北：九歌出版社，1999年，頁656。

圍，或譯、或著、或用，概念界定的不精確似乎也不妨礙「新浪漫」一度成爲文論焦點。新浪漫主義進入中國，途徑有二，一是直接取自歐洲，一是轉道日本而來〔註3〕。

新浪漫主義原本出現於19、20世紀之交的歐洲，但是作爲文學思潮，它在歐洲文學史上的面目卻是含混的，有人以它指稱後期浪漫主義，有人用它概括緊隨自然主義而興起的部份現代主義思潮，譬如象徵主義、唯美主義、表現主義、超現實主義，等等。當年弗蘭茲·梅林（Franz Mehring）的觀點被認爲是對新浪漫主義的典型的「歐式」理解：新浪漫主義「是自然主義的女兒」，是「不能忍受資本主義的現實，也不想去忍受」而逃向「夢的國」，「歷史地說來，只是被抱在資本主義底衰萎的腕內的，藝術或文學底無力的休息」〔註4〕。然而新浪漫主義在日本卻被推崇和簡化，與唯美、頹廢相關涉，被視爲文學發展的最高階段，譬如，廚川白村即認爲新浪漫主義恰似人在「四十歲前後的圓熟時代」，它是「發揮天賦的個性和獨創性」的新文藝思潮，新浪漫主義體現了「主觀」、「主情」、「唯美」、「頹廢」、「神秘」等特徵，又曾受「科學的精神陶冶」〔註5〕。而在中國，新文學界對新浪漫主義的接受和理解乃是兼採日歐而又有所超越和發揮，終將無所爲而爲的審美性質的日歐新浪漫主義在中國語境裏轉變爲有所爲而爲的工具性質，從而形成了中國式的新浪漫主義，爲日後左翼革命的浪漫主義和右翼民族主義的新浪漫主義或者新理想主義確立了理論框架，尤其是提供了政治意識形態的寄生點和國民性論述的附著點。

其時，田漢等人對新浪漫主義的領略和闡揚主要是將其視爲純粹的文學思潮，敘述重心乃是置於新浪漫主義或者所謂新羅曼主義作爲純粹的藝術方法的層面：「新羅曼主義的文學是不執著於現實而又不離開現實的文學」，「想要從眼睛看得到的物的世界，去窺破眼睛看不到的靈的世界，由感覺所能接觸的世界，去探知超感覺的世界」；「新羅曼主義是直接由舊羅曼主義的母胎

〔註3〕譬如王向遠，中日新浪漫主義因緣論，重慶：四川外語學院學報，1998年第3期；錢林森，20世紀法國新浪漫主義與中國現代文學，武漢：外國文學研究，2001年第1期；等等。

〔註4〕德 Franz Mehring，自然主義與新浪漫主義，畫室譯，上海：朝華旬刊，1929年第1期。

〔註5〕日廚川白村，近代文學十講（下冊），北京：學術研究會叢書部，1935年，頁115～119。

產下來的，而他『求眞理』的著眼點，不在天國，而在地上，不在夢鄉而在現實，不在空想界而在理想界」；「舊羅曼主義」如同「無所夢而夢的『睡夢』」，而「新羅曼主義」則像「有所夢而夢的『醒夢』」；「新羅曼主義認定捨實世界無以達理想的世界，捨現世界無以達永劫的世界」；「新羅曼主義是直接受過自然主義的庭訓的」，「以羅曼主義爲母自然主義爲父」〔註6〕。顯然，新浪漫主義與現實的關係被裁定爲不執不離，不執於現實乃是體現其「浪漫」，不離於現實則是體現其「新」，然而對所謂「現實」是審美性觀照而非批判性介入，不具政治意識形態的緊張；同樣，指認新浪漫主義的「母系血統」爲浪漫主義，是爲了說明其「重情緒，重直覺，重主觀，有夢幻」的創造性特徵，確定其「父系血統」爲自然主義，則是爲了強調其創造性不是空疏無根，而是實有所據，是「含有現實感和科學的觀察底分子」〔註7〕——於是，新浪漫主義的「浪漫」誠爲騰空之後的自由狀態，然而其「新」則是作爲起點和終點、作爲根據和歸宿的堅實跑道。

與田漢等人同時，沈雁冰也曾注目於新浪漫主義，其對西方文藝思潮的順序評斷和「追本溯源」，「最終目的是爲了提倡新浪漫主義」〔註8〕。沈雁冰也相信，「古典主義、浪漫主義、寫實主義、新浪漫主義」是依序「進化」而至於「今日」〔註9〕，新浪漫主義乃是文學發展的最新和最高階段，中國文學在思想和方法上已經「步人後塵」〔註10〕，應當急起直追，實踐新浪漫主義。與田漢一樣，沈雁冰也認爲新浪漫主義乃是兼得舊浪漫主義和寫實主義的旨趣，然而其論述重心和思想傾向，則與田漢判然有別：田漢的落腳點在創生爲藝術的文學，而沈雁冰的關注點則在呈現爲文學的社會。

沈雁冰在文學上持平衡不偏的觀點：「文學之完成，所恃者二，一爲藝術，一爲理想」，「藝術之至高格，在兼觀察與想像而能諧和」。新浪漫主義之前的「寫實文學」（實爲自然主義文學）「偏重觀察而摒棄想像，雖於現實能適合，使表現（文學）不至與實在（人生）衝突，而其弊則在豐肉而枯靈」——這是就藝術創造和文本形態而言。而就寫實文學介入現實的效能而言，

〔註6〕田漢，新羅曼主義及其他，北京：少年中國，1920年第1卷第12期。
〔註7〕昔塵，現代文學上底新浪漫主義，上海：東方雜誌，1920年第12期。
〔註8〕茅盾，我走過的道路（上），北京：人民文學出版社，1997年，頁151。
〔註9〕雁冰，文學上的古典主義浪漫主義和寫實主義，上海：學生雜誌，1920年第9期。
〔註10〕沈雁冰，小說新潮欄宣言，上海：小說月報，1920年第1期。

沈雁冰則認爲其「能抨擊矣，而不能解決，能揭破現社會之黑幕矣，而不能放進未來社會之光明」，結果是「使人憤懣而不知所自處，終至於消極失望」。沈雁冰遵循其文學「爲人生」的邏輯路徑而美化和推崇新浪漫主義，認爲「新浪漫主義爲補救寫實主義豐肉弱靈之弊，爲補救寫實主義之全批評而不指引，爲補救寫實主義之不見惡中有善，與當世哲學人格唯心論之趨向實相呼應」〔註 11〕。在此，沈雁冰所美化的新浪漫主義具備三個在後來的左翼的「革命浪漫主義」和右翼的民族主義新浪漫主義中有關鍵意義的特徵：

1、以寫實爲肌質而推崇符合理性要求的想像；2、受命於政治或者道德的絕對命令而熱衷於指引未來、示範正確、歌頌光明；3、藝術精神是「革命的，解放的，創新的」，「有進步，有生氣」。

二

相形之下，沈雁冰所理解的新浪漫主義已經遠邁日歐，是爲理論旅行的輾轉變異導致，也是中國語境的持續壓迫促成。作爲試圖以文學創造承擔社會進步使命的文學從業人員，沈雁冰不是文學史家，他所描述的新浪漫主義自然也不是其準確的歷史面貌。積弱不振的國家形象和國民形象使得五四一代知識分子不欲認可歐洲新浪漫主義中的頹廢、唯美和世紀末的夢幻氣息，於是沈雁冰的表述代之以通往未來的光明、解放、進步和生氣，他誤讀了新浪漫主義，並委之以重任。沈雁冰相信，「能幫助新思潮的文學該是新浪漫主義的文學，能引我們到眞確人生觀的文學該是新浪漫的文學，不是自然主義的文學，所以，今後的新文學運動該是新浪漫主義的文學」〔註 12〕。新浪漫主義的文學，不僅應該表現「青年的煩悶，煩悶後的趨向，趨向的先兆」，而且「應該把光明的路，指導給煩悶者，使新信仰與新理想重複在他們心中震蕩起來」〔註 13〕。然而沈雁冰本身是「浪漫」的，他把新浪漫主義的文學視爲夜行貨車，將「引我們」沿著「光明的路」，穿過自然主義式的「憤懣」、「消極」和「失望」的暗夜，而進入新浪漫式的閃耀著「眞確人生觀」之光、新信仰之光和新理想之光的黎明——然而「眞確人生觀」、「新信仰與新理想」到底爲何物，「光明的路」到底爲何路，那是思想、道德和政治哲學的論域，

〔註 11〕雁冰，《歐美新文學最近之趨勢》書後，上海：東方雜誌，1920 年第 18 期。
〔註 12〕沈雁冰，爲新文學研究者進一解，上海：改造，1920 年第 3 卷第 1 號。
〔註 13〕沈雁冰，創作的前途，上海：小說月報，1921 年第 7 期。

沈雁冰也不甚了然，他唯一能肯定的是新浪漫主義有效的載具屬性。

新浪漫主義的載具性質爲思想、道德和政治意識形態提供了不確定的目標和路徑，以及中性的裝載空間，而沈雁冰爲新浪漫主義的夜行貨車裝載的首批貨物是「國民性」問題。

國民性的問題繫乎「新文學研究者的責任」，也涉及新浪漫主義的功能。沈雁冰再次爲新浪漫主義描述的功能是更緊密地貼近人生、更有效地負荷使命，「翻開西洋的文學史來看，見他由古典——浪漫——寫實——新浪漫……這樣一連串的變遷，每進一步，便把文學的定義修改了一下，便把文學和人生的關係束緊了一些，並且把文學的使命也重新估定了一個價值」。「世間萬象，人類生活，莫不有善的一面與惡的一面」，而在新浪漫主義之前，「舊浪漫派文學與自然派文學各走一端」，「醜惡的描寫誠然有藝術的價值，但只表現人生的一邊，到底算不得完滿無缺，忠實表現」，而「新浪漫派的作品能兼觀察與想像，而綜合地表現人生」。論述至此，沈雁冰突然拋棄日歐對新浪漫主義的一般理解，率爾引申，認爲新浪漫主義所表現的「人生」，應當「於個性之外更須有國民性」：

> 所謂國民性並非指一國的風土民情，乃是指這一國國民共有的美的特性。例如俄國國民美的特性是能忍苦和反抗黑暗，能用徹底的精神做事，能愛他人，能有四海同胞主義的精神。這些國民性經郭克里（Gogoli）以來許多文學家的描寫發揮，不但在俄國有了絕大的影響，並且在世界也生了絕大的影響。這樣的國民性的文學才是有價值的文學。我相信一個民族既有了幾千年的歷史，他的民族性裏一定藏著善美的特點；把他發揮光大起來，是該民族不容辭的神聖的職任。中華這麼一個民族，其國民性豈遂無一些美點？從前的文學家因爲把文學的目的弄錯了，所以不曾發揮這些美點，反把劣點發揮了。這些「國粹文學」內所表現的中華國民性，我們不能承認是眞的中華國民性，國民性的文學如今正在創造著。〔註 14〕

沈雁冰站在他所界定的新浪漫主義的文學工具性立場，重新界定了國民性，他將國民性「浪漫」地解釋爲「一國國民共有的美的特性」，在以新浪漫主義的文學方法表現他所謂的「善美」的「中華國民性」之際，拒絕了寫實

〔註 14〕郎損（沈雁冰），新文學研究者的責任與努力，上海：小說月報， 1921 年第 2 期。

主義、自然主義對國民性或者說國民劣根性的「醜惡的描寫」。沈雁冰當時對國民性問題的理解和策略顯然不同於嚴復、梁啓超和魯迅等人。嚴復等人的思路是改造國民性而非浪漫地歎賞其「善美」。嚴復曾援引歐洲「天賦人權」的理論，認爲「唯天生民，各具賦畀，得自由者乃爲全受」，「故人人各得自由，國國各得自由，第務令毋相侵損而已」，而只有確保和維護國民的自由和權利以實現從傳統的群體本位轉向近代的個體本位，才有可能實現國民性的改造和國家的自由和進步：「吾未見其民之不自由者，其國可以自由也；其民之無權者，其國可以有權也。」〔註 15〕梁啓超則也以其「新民說」而提出改造國民性的整體規劃，包括「公德」、「國家思想」、「進取冒險」、「權利思想」、「自由」、「自治」、「進步」、「自尊」、「合群」、「生利分利」、「毅力」、「私德」諸方面〔註 16〕，企圖從「新民」而至於振衰起弊。至於魯迅，雖倡「至誠之聲」，「致吾人於善美剛健」〔註 17〕，而其作爲小說家的敘事則往往觀照「病態社會的不幸的人們」，「揭出病苦」，方便「療救」，在國民性問題上長期持守「啓蒙主義」〔註 18〕的思路，務以改造國民的劣根性爲職志。

概言之，嚴復、梁啓超和魯迅的國民性思路爲「現實主義」地指陳問題，從而改造，從而進步，沈雁冰則是倡導「新浪漫」式地表現「中華國民性」的「美點」，使之「發揮」，使之「光大」。

新浪漫主義與國民性問題在 1930 年代進入民族主義文學論者的思考和表述，大約與沈雁冰沒有牽連，然而他們與沈雁冰的思維結構和論述方式高度近似，而其宣示常如響應沈雁冰十年前的號召。他們認爲「民族主義文學應該採取新浪漫派的方式」〔註 19〕，而民族主義文學著力表現和培育的乃是光明向上、剛健有力、敢於犧牲的民族性（亦即國民性，nationality，或者 national character），目的「在促進民族的向上發展底意志，表現民族在增長自己的光輝底進程中一切奮鬥的歷史」，「在表現那已經形成的民族意識，創造民族底

〔註 15〕嚴復，嚴復集（第一冊），北京：中華書局，1986 年，頁 3、917。

〔註 16〕梁啓超，飲冰室文集全編（第一冊），上海：上海廣益書局，1948 年，頁 1～113。

〔註 17〕魯迅，摩羅詩力說，魯迅全集第 1 卷，北京：人民文學出版社，2005 年，頁 102。

〔註 18〕魯迅，我怎麼做起小說來，魯迅全集第 4 卷，北京：人民文學出版社，2005 年，頁 526。

〔註 19〕唐人，民主主義文學的要素和應有的條件，杭州：黃鍾，1935 年，第 6 卷第 5 期。

新生命」，「積極地發揮那一群人底力量和增長那一群人底光輝」〔註 20〕。民族主義文藝論者所謂民族的「新生命」和「光輝」，也正如沈雁冰所謂「善美」的「中華國民性」，正面、明朗卻又抽象無迹。

三

一般而言，左右之爭是 1930 年代重要的時代主題，然而當年的時代主題卻不限於左右之爭。誠然，傅彥長等資深的右翼文人撰寫的《民族主義文藝運動宣言》，企圖確立以民族主義爲中國新文學的中心意識，主張將民族主義的文學投入到「形成獨立的民族國家」的大業之中。誠然，其「中心意識」企圖壓制「自命左翼的所謂無產階級的文藝運動」，「排除」左翼思想，然而其指向的目標則顯然不只是左翼，也不只限於用「民族性」及其「光輝」否定「階級性」及其「鬥爭」，他們所欲「排除」的，不僅是「普羅毒物」，還有「頹廢的殘骸」〔註 21〕，包括「一切殘餘的封建思想」、「一切阻礙民族進展的思想」。

應當承認，民族主義文藝的主要刊物和社團是緊隨無產階級革命文學運動和左聯而起，左右之間針芒對峙的歷史場景也不容無視，然而從民族主義文藝論者在無產階級革命文學運動之前的幾年已創辦其刊物、展開其論述〔註 22〕的事實可知，他們顯然是早有更爲理想化的追求，那便是對民族性或者說國民性的思考和呼籲。即便是檢閱 1930 年代民族主義文藝論者的大量論述，也可發現，他們的「當面之敵」首先是左翼，但不限於左翼，他們還要「消滅」國民頭腦中「從來的封建思想與個人主義」〔註 23〕，他們「反對普羅文藝運動」、「反對封建思想，提倡民主」、「反對頹廢思想」、「反對出世思想」〔註 24〕——由此，他們的目標顯得含混起來：既謀求在政治意識形態的戰爭中「消滅」左翼，又謀求在對「封建」、「頹廢」、「出世」等歷史遺留

〔註 20〕民族主義文藝運動宣言，上海：前鋒周報，第 2 期，1930 年 6 月 29 日；第 3 期，1930 年 7 月 6 日。

〔註 21〕劉百川，開張詞，南昌：民族文藝月刊，1937 年，第 1 期

〔註 22〕周雲鵬，「民族主義文學」（1930～1937）論，復旦大學博士論文，2005 年，頁 20～30。

〔註 23〕方光明，苦難時代所要求的文學，上海：前鋒周報，第 4 期，1930 年 7 月 13 日。

〔註 24〕朱大心，民族主義文藝運動的使命，上海：前鋒周報，第五期，1930 年 7 月 20 日。

問題的「消滅」之中刷新國民性。至於如何刷新國民性，他們當然是寄望於民族主義文藝，而他們至為重視的恰好是新浪漫主義或者說「新理想派」的民族主義文藝，強調「民族主義文藝是有力的，有希望的，是有光明的，是有意志的，是有精神的」，可以掃除「萎靡不振，淫亂頹廢，忸忸怩怩，沒有目的，沒有意志，只知做奴隸」的狀況，從而「喚起民族的意識，激勵民族的生氣，團結起來，一致地為民族而爭鬥」〔註25〕。凡此論議，無不兼有新浪漫主義的色彩和國民性設計的熱忱。

葉秋原曾代表民族主義文藝運動陣營「檢討」過「中國文藝界」，認為在五四時期，魯迅雖然也曾「向封建思想進擊」，但卻是「以個人為中心」，對其「所表現的人物」乃是「舞文弄墨地加以譏諷嘲弄」，沒有「民族意識」；而「含麻醉性的張資平戀愛小說，即興的郭沫若的落葉，富有濃厚的頹廢病的郁達夫的沉淪等，都不過是一時的病態下的產物，對於我們民族是絲毫沒有貢獻，而且，在文藝上形成了一種頹靡不振的風氣，更摧殘我們的民族精神」；五卅以後，「長篇有茅盾的《虹》，老舍的《二馬》，巴金的《滅亡》等，短篇小說作者，最令人注意的，卻要算沈從文和魯彥等」，然而他們「除技巧是有長起的進步外，思想上仍未能站在民族的立場上來表現偉大的民族精神」。在國民性問題上，葉秋原的基本觀點類似於沈雁冰早年的說法，強調的是表現「美點」和「偉大的民族精神」；而同其他的主流民族主義文藝論者一樣，葉秋原解決文藝問題和國民性問題的偏方也是沈雁冰式的，或者說是中國式的新浪漫主義，主張「提高我們民族的精神，表現我們民族的活力，美化我們民族的生活，喚醒民族的意識，鼓勵民眾去奮鬥，使人都為民族爭光榮，為國去效死」〔註26〕。

在文藝方法層面，民族主義文藝論者雖不廢寫實主義，卻是顯著地偏向新浪漫主義：「文學的功能，一方面固可代表一個時代」（寫實主義），「而另一方面，更可創造一個時代」，憑藉「宏偉磅礴的民族意識和民族精神」，「掃蕩一切，清除一切，融合一切」〔註27〕（新浪漫主義）；「民族主義文藝絕不拋棄時代精神的」（寫實主義），「卻正要把握時代，而且要躍進於次一時代的」

〔註25〕雷盛，民族主義的文藝，上海：前鋒周報，創刊號，1930年6月22日。

〔註26〕李錦軒（葉秋原），最近中國文藝界的檢討，上海：前鋒周報，第3期，1930年7月6日。

〔註27〕蘅子，獻納之辭，杭州：黃鍾，創刊號，1932年10月3日。

〔註28〕（新浪漫主義）；「文藝是民族的生命」，可以「素描出民族之現在的危險，叫出大眾靈魂的痛苦」（寫實主義），或者「描寫出歷史中的偉大人格，虛構磊落光明之淡泊風氣，創造出美麗的臆境，造就理想的人格」〔註29〕（新浪漫主義）。

爲了解決新浪漫主義與寫實主義在創作方法問題上的爭論，民族主義文藝論者提供的觀點有其特別的「民族主義氣質」，且與國民性問題緊密連接，而不常涉及左翼右翼之爭。民族主義文藝論者有一種表述方式，是將民族主義文學「分爲積極的和消極的兩大類，積極的是鼓勵的，消極的是攻擊，暴露或者譏諷的」；「積極的鼓勵的民族主義的文學，可以用兩種方式來寫作」，其一是「再現」，以歷史上「懷抱民族主義的英豪，和有益於民族的事物爲題材」，而「最終的」或最重要的則是「表現」，即是「所謂新浪漫的寫法」，「根據時勢，憑著理想，結構成一種人物，有作有爲，能夠轟轟烈烈地做成許多有益於民族的偉大事業，打破許多民族前途的障礙」。新浪漫主義的民族主義文學，「雖然也是憑理想的，卻要使得事情可能」，「要合於科學，對於社會科學有詳細的研究，對於現社會要有深刻的觀察才行」，「否則空泛不切，讀者不能起感應，也就沒有效果」〔註30〕。

民族主義文學論者也將民族主義文學「分作廣義的和狹義的兩類」，廣義的包括一切「留意民族的前途，希望民族興盛起來，多方的想促成民族的進步」的文學，「狹義的民族主義文學」，其「要點在於能夠直接鼓勵民眾，使得馬上起來做衛護民族的事業」；「廣義的民族主義文學是緩性的，狹義的是急性的」，當此「民族存亡危急之秋，不得不有狹義的民族主義文學，急性的『強壯劑』，才容易奏效」；在國民性問題上，廣義的民族主義文學不妨「暴露」和「針砭」，「即使是痛罵民眾，暴露民眾的弱點」，也是「愛護民族之道」，而狹義的民族主義文學則不是「針砭」和「暴露」，而重在「鼓勵」和「示範」；在方法上，廣義的民族主義文學可以是寫實主義的，而狹義的民族主義文學則是「新理想主義」的，爲了達到振起國民性的目的，可以「寫出實際上不曾有過的事物」，這「並非好奇立異，因爲所迫切需要的事物，沒有現成可以做模型的，不得不求之於理想」，「新理想主義也叫做新浪漫主

〔註28〕雷盛，民族主義的文藝，上海：前鋒周報，創刊號，1930年6月22日。
〔註29〕周子亞，論民族主義文藝，杭州：黃鍾，1933年，第25期。
〔註30〕許尚由，民族主義的文學，杭州：黃鍾，1933年，第28期。

義，同寫實主義以前的浪漫主義的區別，就在於經過科學化，要有『眞實性』，至少使得讀者不會感到『不自然』」。應當根據時代情形和需要，「調查明白弊病的所在，對症發藥，才容易收到良好的效果」，如果「一味憑主觀的設想」，「那就是浪漫的」，而非「新浪漫」〔註31〕。

民族主義的新浪漫主義之「浪漫」，其實強調的是對國民性的理想化敘述，其理想又是根源於現實的國民性缺陷，「理想」的功能是補弊救偏；而民族主義的新浪漫主義之「新」，則是在舊浪漫主義的主觀、理想和熱情之上增加了「眞實性」的要求，但其「眞實性」不是寫實主義的眞實性，而更近於逼眞性——以逼眞的理想化敘述實現政治意識形態方面與國民性的提升、鼓勵和示範方面的雙重目的。

四

新浪漫主義的民族主義文學，在民族主義文藝論者筆下，顯然存在如下偏向：1、熱衷於光明、熱情、向上、向前、理想在胸的風格特徵，拒絕頹靡、「封建性」、「奴隸性」；2、強調「民族本位」、「集團」價值、「集團行動」，反對「一盤散沙」〔註32〕；3、崇尚爲國家「犧牲」，爲民族「效死」，「舍己爲群」〔註33〕；4、突出「中心意識」，「主義思想的正當」〔註34〕。凡此，不過是民族主義文藝論者當年的理論遊談，而考其「遊談」，雖則常與當時的左右之爭相關，而更多的表述還是企圖在國民性問題上提出和召喚正面的「示範」。

然而民族主義文藝論者的思想層次遠不能同嚴復、魯迅等人並論，他們關於國民性的論述經常背離時代的正面價值，時出偏言鄙論。即便是論述其所謂「正大的主義」，他們也會將「民族主義」從三民主義中孤立出來，將其絕對化、一元化甚至國家主義化，往往有意識地迴避和拒絕「民權主義」、「民生主義」所涉的相關價值〔註35〕，甚至一邊批判「奴隸性」和「不民主」，一

〔註31〕唐人，民主主義文學題材的剪取，杭州：黃鍾，1935年，第7卷第1期。

〔註32〕傅彥長，以民族意識爲中心的文藝運動，吳原編，民族文藝論文集，杭州正中書局，1934年，頁86。

〔註33〕上游，民族的文學與民族主義的文學，杭州：黃鍾，1934年第4卷第10期。

〔註34〕唐人，民主主義文學題材的剪取，杭州：黃鍾，1935年，第7卷第1期。

〔註35〕澤明，中國文藝的沒落，上海：前鋒周報，創刊號，1930年6月22日；楊志靜，請認識我們文藝運動，上海：前鋒周報，第3期，1930年7月6日；正

邊又深陷極權思維而不思自拔，他們新浪漫主義式地大聲呼喚希特勒、墨索里尼甚至是比希特勒「更加偉大更加英雄」的「民族英雄」〔註 36〕，他們振振有詞地排外，並且無視自由和人權〔註 37〕，與嚴復等人當年試圖通過尊重和維護國民的自由與人權而實現國民性改造或者「新民」的追求背道而馳。最終，民族主義文藝論者使其所提倡的新浪漫不「浪漫」、新理想不「理想」，使其「民族主義」的國民性「示範」最終「失範」。

當然，考慮到在創作上對民族主義文藝論者的主張起而響應者甚少，符合期待者罕見，因此其理論的反動之處和進步之處都沒什麼影響。然而，在新浪漫主義和國民性問題上，他們也有值得注意的主張，譬如張季平所謂「民族主義戀愛觀」。其實，提出「民族主義戀愛觀」，直接涉及國民性問題：1、在美感方面，「排斥癆病鬼美，一切矯揉造作美，以及表示有閒的白嫩的手面，瘦小的腰足」，「美麗的女性，是兩頰完全紅暈，充滿著血和乳的質素，她盡可粗手大腳，她要有氣力能夠做工，康健而且敏捷，她的精神如火如荼，剛健活躍，她的情愛，又是熱烈蓬勃，她的生命像長江的東流，她的意志，又如泰山的屹立，她是猛進的，她有大無畏的勇氣，她具著充分的力的美，她是代表這一個新時代的」，而男性自然「也是這樣」，並且，「只有這樣的人，才能享戀愛的權利」；2、在生活態度上，「他排斥過去一切只是消費的享樂，他也不淪於浪漫主義的讚美歌頌，他反對荒淫無度，萎靡頹廢，所有墮落的生活，他堅確地認定，他們的結合絕不是單只個人的狹窄的存在，他還具民族的生存和繁衍的意義，因此，在他們的生活態度上，他們的戀愛的生活，是給予了他持久的熱力，也常把這個做了中心，不落於平庸，而是富有豐滿的和諧的氣象，他們都用勞力生活著，不依賴他人，他們常充滿著快樂，而且他們的生活常是集團的」。〔註 38〕凡此主張，已經無關乎左右，而關乎民族，關乎國民性。

覺，評駁《覺悟》的《民族主義文藝應該避免的幾種態度》，上海：前鋒周報，第 17 期，1930 年 10 月 12 日；等等。

〔註 36〕白樺，澤田謙《希特拉傳》·譯者前言，杭州：黃鍾，1932 年第 11 期；陳心純，現代法西斯蒂的展望，杭州：黃鍾，1933 年第 16 期。

〔註 37〕尚由，民族與文學，杭州：黃鍾，1934 年第 4 卷第 8 期；勇仁，論自由創作動向，南昌：民族文藝月刊，1937 年第 1 期；谷軍，思想統制的歷史經驗與現代需要，南昌：民族文藝月刊，1937 年第 1 期；等等。

〔註 38〕張季平，民族主義文藝的戀愛觀，上海：前鋒周報，第 15 期，1930 年 9 月 28 日。

如果考慮創作問題，可知張季平在美感和生活態度上的主張恰與左翼的革命戀愛小說中的女性美和主人公的生活態度形成對照。再比較一下左翼的小說《夢醒後》〔註 39〕和將「民族主義戀愛觀」形象化的小說《野玫瑰》〔註 40〕，則可發現：《夢醒後》的女主人公形象是性感、嬌艷、嫩白而無意志力量，男主人公也顯得柔弱無骨；《野玫瑰》所塑造的男女形象卻是勇敢、健壯、積極、強悍有力。細讀兩篇同樣平庸的小說可知，左翼的《夢醒後》更近於當年上海灘的市場趣味，而《野玫瑰》則未必是要暗示什麼針對左翼文學和左翼思想的意味，倒更可能體現了民族主義文學的國民性設計。如果從小說的寫法考察，則可以看出兩篇小說都可以視爲「新浪漫主義」的實踐，主觀、主情、不重現實根據而傾向於幻想的情形，細節也可算逼眞，不過，《夢醒後》隱隱傳遞出頹廢的意緒，而《野玫瑰》則有些「理想」和「示範」的意味。

當然，如果我們把視野擴大，其實可以發現，除了民族主義文學論者，一些自由文人也在 1930 年代提倡新浪漫主義，並且同樣以此關心國民性問題，譬如曾被民族主義「文藝鬥士」葉秋原「檢討」和批判過的張資平。在論述了德國文學中的新浪漫主義之後，張資平認爲中國也需要以新浪漫主義的文學來改造國民性：「我們中國的國民性實在是太功利化了，太現實化了，太消沉了，太沒有熱力了。我們需要一種熱情的幻想的新浪漫主義成分來鼓勵吾人的情熱，促醒我們勿再多留戀於無甚價值的功利——官與俸，啓示我們要運用吾人有用的力與情，在瀕危的更偉大的有機體——國與民——上面，表現一番更理想的，更熱情的，超越現實的事業。」〔註 41〕

張資平與民族主義文學論者的觀點如此相近，不證明張資平被民族主義文學論者批判之後接受招安了，卻似乎在說明一個問題：新浪漫主義也罷，國民性設計也罷，也許在相當長的歷史時期內，一直就是中國知識分子關心的重大問題，不管他是自由主義分子，還是民族主義分子；而即便是民族主義分子，其所關心的重大問題，也未必只是與左翼的鬥爭。

五

1930 年代的民族主義文藝運動及其理論，如今已長成了中國現代文學研

〔註 39〕孟超，夢醒後，上海：太陽月刊，停刊號，1928 年。

〔註 40〕心因（朱應鵬），野玫瑰，上海：前鋒月刊，創刊號，1930 年。

〔註 41〕張資平，由自然主義至新浪漫主義轉換期之德國文學，青年與戰爭，上海，1934 年第 6 期。

究領域的重要話題。援用阿爾都塞、馬爾庫塞和布爾迪厄等西方學者的意識形態敘述邏輯和權力場——文學場的描述方式，中國學者不僅已將所謂「右翼」的民族主義文學從既往的文學史所遺忘的丘墟之下掘出，而且在國家統制、意識形態及其運動、理論和作品諸方面的論述已成規模，探討日趨深入。

然而，對民族主義文學問題的研討主要集中於政治與文學的觀念聯繫、權力徵召和政策統制諸層面，其問題意識和相關論述固然敏銳而深刻，卻也常有簡化歷史之嫌。

政治——文學的決定論理解模式是有效的，但其有效性也是有限的，它有可能在聚焦於 1930 年代右翼和左翼的意識形態對抗之際，遮蔽了民族主義文學更爲豐富的關切。檢閱史料可知，當年參與民族主義文學運動的右翼文人不僅有政治——文學的決定論觀點，有政策統制和誘導的策略考慮，還有其文藝創作的方法選擇，譬如前文所述的新浪漫主義；而在有關新浪漫主義的論述之中，不僅有具體創作方法的細緻商量，更有在民族主義的視域裏刷新國民性的深度用心，民族主義文學論者由此而成爲 20 世紀前半期國民性思想上的又一敘述環節，並呈現出右翼思維在這一問題上的一般特徵，及其理想性和反動性。

政府規範與國家意識的強化——論抗戰時期國民政府對戲劇團體的組建與管理

傅學敏*

「文化建設之於建國工作，與國防建設、經濟建設同其重要。」〔註 1〕1938 年 3 月 31 日國民黨臨時全國代表大會不僅對文化建設的作用給以了高度肯定，而且明確提出文化工作當以民族國家爲本位，並對各個文化部門提出了要求。當戲劇成爲國民政府建設文化事業、發揚民族意識的關鍵部門，政治權力的要求和具體管理就會接踵而至。據統計，抗戰期間，全國戲劇團體有 1013 個，戲劇從業人員達到三四十萬，〔註 2〕他們構成一支浩大的文化宣傳大軍，直接影響著政策措施的解釋、施行以及社會輿論導向、民心向背。武漢時期，由於忙於戰爭準備和內遷工作浩大，對於這種重要的意識形態部門，國民政府還來不及進行規範管理，到了重慶以後，戰爭進入相持階段，對於戲劇的各種管理條例也開始逐步制定和施行。由於戲劇藝術的特殊性，劇團管理成爲國民黨規範戲劇活動的重要環節，在不同的歷史時期，管理劇團的行政部門更迭變換，劇團組織由民間自籌到官方組建，乃至對劇團的經濟扶

---

* 傅學敏（1970～），女，西華師範大學文學院教授，碩士生導師，文學博士。

〔註 1〕《國民黨臨時全國代表會議通過陳果夫等關於確定文化建設原則綱領的提案》，中國第二歷史檔案館編《中華民國史檔案資料彙編》，第五輯第二編「文化」（一），江蘇古籍出版社，1998 年，頁 1～3。

〔註 2〕國立編譯館《抗戰期間的中國戲劇概況》，中國第二歷史檔案館編《中華民國史檔案資料彙編》，第五輯第二編「文化」（二），江蘇古籍出版社，1998 年，頁 153～154。該文有關戲劇團體的統計數據來自教育部劇本整理組在 1941 年底的統計，1941 年以後成立的劇團還沒有統計入内，實際應當超過這個數據。

植與日常管理中的著重點，都體現了抗戰時期國民黨政府對於戲劇活動的強烈干預，戲劇作爲文化事業的一部分被納入國家建設的總體規劃之中。

一、從風化到宣傳：劇團管理標準的悄然變更

抗戰時期，對戲劇從業人員的管理主要分爲三個方面：一是劇團管理，二是藝人的管理登記，三是劇作家基本情況的掌握。這三個方面涵蓋了創作、演出和組織幾個關鍵環節。在這三個方面中，戲劇團體的管理是重點，因爲戲劇演出是演劇團體集體智慧的體現，單個藝人離開劇團就如離水之魚，無所作爲。而劇作家的創作只要沒有被搬上舞臺就只能作爲普通的文本存在，其影響力自然十分有限。

不過，戲劇團體的管理並不從抗戰起，早在北洋政府時期就有了先例。在北洋政府時期，劇團登記和管理主要由內務部警察廳負責，由於社會上坤角增加，男女同臺演出成爲風尚，北洋政府內務部出令禁止男女同臺演出，於是女伶戲班增加，爲了防止「流弊滋生」，1912 年 11 月 13 日北洋政府擬定了《管理女班規則十八條》，《規則》主要包含了兩方面的內容，一是對女伶予以一定程度的權利保障，例如禁止收買幼女及誆騙強迫其加入女戲班，要求不得虐待伶人，以及藝徒婚姻由父母主持，班主不得插手包辦等。一是嚴防有傷風化，強調男女有別，如教演戲曲均須用婦女爲教師，必須用男教師時，須擇年長老成者，女戲班內所有男性執事以年在五十以上爲限。〔註 3〕1913 年 10 月 21 日，北洋政府京師警察廳進而制定了《京師警察廳管理戲班規則》，1922 年 4 月，隨著以白話演劇的新劇組織的增加，京師警察廳又制定了《京師警察廳取締新劇規則》，這兩個規則前後相差近十年，不過內容大致相同：要求班主及戲班的基本情況登記，排演前以劇情臺詞等呈報警廳以獲批准，演出地點需報告，內容要求無傷風化。可見，北洋政府對於戲班管理的主要目的是維護風化，戲劇藝術還沒有作爲強有力的宣傳工具獲得當局的看重，戲劇團體主要在治安方面和人身安全方面交給警廳管理和維持。

和北洋政府比較，國民政府更注意運用戲劇進行意識形態宣傳，劇團管理的重心由社會風化向黨義宣傳悄然轉向。早在 1931 年 2 月，國民黨中央宣傳部

〔註 3〕《內外城巡警總廳擬訂管理排演女戲規則致內務部呈》，中國第二歷史檔案館編《中華民國史檔案資料彙編》，第三輯「文化」，江蘇古籍出版社，1991 年，頁 161～163。

在《關於省市黨部宣傳工作實施方案》中就將「劇社」納入宣傳機關，要求省及特別市黨部應設立劇社，並招致有戲劇經驗之人員爲社員，以宣傳黨義、喚起民眾、激發革命精神、改良社會習俗爲主旨；對於戲院這樣的娛樂場所，也勸導設備宣傳標語，防止表演違反黨義與有傷風化的戲，並於必要時候指導劇目及編發劇本，勸令戲園及遊藝場照演，並派員前往檢查。〔註 4〕可見，戲劇所具有的潛移默化的教育功能已經被國民政府自覺地意識並運用。

抗戰初期，國民黨政府曾經禁止戲劇演出，這種禁止主要是針對營業性的和娛樂性的戲曲演出，宣傳和支持政府抗戰建國的戲劇不在此列。一時之間，戲劇團體紛紛成立，這些團體主要圍繞抗戰建國展開活動。它們的政治熱情和活動能量令當局喜憂參半，高興的是在民眾動員方面，戲劇確實發揮了極大的作用，擔憂的是，宣傳作用越大的藝術形式，其潛在的危機也大，必須對之進行強有力的管制和引導。備戰的忙亂過去之後，退守重慶的國民政府好整以暇，開始對遍地開花的戲劇團體進行整理。1939 年 11 月，國民政府經由社會部、內務部、宣傳部共同商討後，擬定了《劇團組織要點》，開始統一全國劇院、劇團以及職業劇人登記辦法，《要點》規定：劇團組織依照人民團體組織方案的規定，呈當地黨部備案，並由各地黨部逐級轉呈中央社會部備案；劇團活動未超越一省之範圍者呈省黨部備案，超越一省之範圍的呈社會部備案；要求具備完整的劇團章程，包括劇團名稱、組織章程、團員資格與權利義務，以及入團出團職規定、職員權限及任免手續，經費之籌集和核銷辦法等，並有向主管黨政機關報告工作的義務。〔註 5〕從此，戲劇團體正式進入國民黨政府的管理體制之中。

需要說明的是，這次出臺的規定只是對劇團登記的程序以及備案內容進行規範，並不意味著這之前就不需要劇團登記。在此之前，劇團成立也須進行登記方能獲得演出許可。陝西鐵血劇團 1937 年 12 月的申報程序和備案內容就比較正規、標準，不過它所申報備案的部門是中央訓練部。其實，劇團組織作爲人民團體，其開展活動均需獲得政府部門的許可，只不過以前政府

〔註 4〕《國民黨中央宣傳部關於省市黨部宣傳工作實施方案》，中國第二歷史檔案館編《中華民國史檔案資料彙編》，第五輯第一編「文化」(一)，江蘇古籍出版社，1994 年，頁 13～22。

〔註 5〕《國民黨中央社會部擬訂劇團組織要點織中央宣傳部函》，中國第二歷史檔案館編《中華民國史檔案資料彙編》，第五輯第二編「文化」(二)，江蘇古籍出版社，1998 年，頁 1～2。

部門對劇團管理的職能還沒有明確分工，導致劇團對主管部門的理解不一樣，因此，有些直接向中央社會部備案，有的由省黨部向社會部申報，有的在教育部備案，有的在政治部申報，管理部門的紊亂意味著抗戰之前國民黨政府還沒有把戲劇團體作爲管理重點，或者還未對戲劇團體的社會影響形成統一認識，同時也與抗戰前戲劇發展的遲緩有關，戰前戲劇發展幾經挫折，遠非抗戰時的欣欣向榮可比。1939 年，國民黨政府規定由各地黨部及中央社會部統一負責全國戲劇團體的登記，從而通過劃分劇團管理的行政部門、規範劇團的登記程序、規定劇團的活動範疇等方式，避免重複管理或管理紕漏。值得一提的是，北洋政府時期負責登記戲劇團體的主管部門是警廳，國民黨政府時期主管部門則變更爲各省黨部以及社會部，黨部和社會部的行政職能是意識形態的宣傳、灌輸和管理社會組織，戲劇團體引發國民黨政府關注的不再是治安與風化，而是其宣傳動向和思想傾向。

統一登記的規定便於國民政府瞭解全國戲劇團體的基本情況，把握各劇團的活動範疇，有效地把戲劇團體置於政府掌控之中。從抗戰時期劇團登記中「成立宗旨」一項看來，成立通過的劇團都無一例外地以提高民眾救國情緒、擴大抗敵力量爲目的，將抗戰宣傳與演劇活動結合起來。這固然是民族危亡喚醒了文藝界的救亡意識，但政府的提倡與要求也不容忽視。除了抗戰宣傳之外，對三民主義的灌輸也成爲宣傳目的之一，某些劇團（如大地劇團）將實行三民主義寫入劇團的宗旨之中，有些劇團（如民族劇團、沙駝業餘話劇社等）則明文規定違反三民主義行爲言論者不得爲劇社成員。劇團登記雖然只是一紙空文，劇團活動的具體情形往往千變萬化，難以一一體現其宗旨，但是它畢竟反映了一種基本情況，即戲劇宣傳成爲抗戰宣傳的重中之重，國民黨政府對著重抗戰宣傳的劇團組織特別網開一面，有效地促進藝術與民族意識的緊密結合，而那些強調發揚和宣傳三民主義的劇團不是投當局所好，就是一種自覺的意識形態定位，無論其對於戲劇的實際發展影響如何，都體現了國民黨當局將劇團管理納入思想統制的企圖。

二、由民間到官方：劇團組織建設中國家意志的加強

在阿爾都塞看來，國際機器分爲兩種：壓迫性的和意識形態式的。壓迫性國家機器是統一的、公開的，由政府、行政機關、軍隊、警察、法院、監獄等組成，通過暴力和鎮壓發揮作用；意識形態國家機器是多元的、隱秘的，

通過由資產階級主導的意識形態整合其他意識形態發揮作用。在某種意義上，官辦劇團也是一種非強制性的國家機器，雖然官辦本身不能保證劇團對政府意識形態傾向的絕對忠實，但官方對劇團的經費投入、人事管理以及行政指示都顯示了政府對劇團的整體掌控程度。當然，這並不是說民間戲劇組織就不會受到政府主導意識形態的影響，因爲民間社會與政府之間並不完全對立，即使對立，也是影響下的對立。但比較而言，官辦劇團在整合社會意識方面往往會更加自覺地發揮作用。

抗戰初期，進行抗戰宣傳的戲劇團體主要有三種情況：一是學生團體，二是舊劇團體，三是當地愛國青年。這些戲劇團體多爲民間自發組織，它們爲抗戰初期的劇壇帶來活躍的空氣。然而，民間劇團多爲非營業性質的演出，它們的經濟「有的由政府維持或補助，有的由軍隊，有的由學校由地方公團，有的由私人捐助，有的由工作者自行籌措。」隨著抗戰的持久進行，這些流亡劇團的可持續性面臨極大的困難。因爲完善的戲劇運作應當是付出與回報良性循環的體制，任何只圖付出不求回報的非營業性演出，如果沒有其他渠道獲得足夠的資金支持，很難維繫長久。抗戰初期很多活躍的劇團到了 1939 年以後就沉寂下去，不僅僅是因爲缺乏專門的戲劇人才，也並非戲劇的宣傳作用已經達到飽和狀態，而是非營業性的宣傳演出無法得到持續的資金投入。以量才劇團爲例，它於 1938 年 2 月在武漢組建，所需經費沒有固定來源，一切開支主要由團長程達設法維持，雖然有部分表演收入可以周轉，但是生活費、工作費、紙張費、舟車費、化妝費、道具服裝費以及租賃等雜費均是劇團的必要開支，四個月下來，該團負債 144.42 元。它向政治部申請按月補助國幣八百元，最後僅獲得一次性疏散費二百元和證明書一張。〔註 6〕沒有起碼的物質條件，何來戲劇表演？除去資金投入以外，專業的經營人才也必不可少，憑藉一時的公道熱心創辦的劇團，最後因爲經營乏術也會淡出歷史。大公劇社是附屬《大公報》的戲劇組織，1937 年它在武漢成功舉辦過一次公演後就偃旗息鼓，即使與經濟因素關係不大，也與大公報自身業務繁忙、分身乏術有關。

戲劇演出需要劇本、經費、人才、文化市場，這是牽動整個文化藝術的

〔註 6〕《量才劇團報送工作報告、計劃等並申請補助經費致軍委會政治部呈及有關文件》，中國第二歷史檔案館編《中華民國史檔案資料彙編》，第五輯第二編「文化」（二），江蘇古籍出版社，1998 年，頁 40。

大工程，任何個人或者組織都難以獨立支撐，政府的扶持是必不可少的。要繼續運用戲劇這一藝術工具，要使其持續地穩定發展，官辦劇團應運而生。

一般來說，官辦劇團主要有三種方式：一是整編改造條件優越的民間劇團。1938 年國民黨軍委會政治部組建的抗敵演劇隊便是在民間自發組織的戲劇團體、尤其在上海十三個救亡演劇隊的基礎上整編而成，這種收編在相當程度上維護了戲劇發展的有生力量。此外，被茅盾稱爲「抗戰的血泊中產生的一朵奇花」的孩子劇團同樣如此，這個劇團 1937 年 9 月 3 日在上海成立，當時最大的孩子 19 歲，最小的孩子才 9 歲，這些未成年人自身的生存溫飽尚難以自保，如果不是得到政治部的資助，很難想像他們能夠長途跋涉，由上海——武漢——長沙——重慶堅持抗戰戲劇的演出；二是在社會招募賢才組織戲劇團體。以教育部實驗戲劇教育隊爲例，該劇團 1941 年由教育部撥款培植，主要負責重慶周邊的戲劇教育工作。成立之初，團長閻葆明便在重慶張貼招生廣告，招收「思想純正品行優良志在戲劇堪以造就之青年」，通過一定程序考錄進來以後，便對隊員進行必要的培訓，形成劇團的基本成員。〔註 7〕三是利用政府機構中現成的藝術資源創辦劇團。這是官辦劇團中藝術水平最高的劇團，比如中國萬歲劇團和中電劇團，中國萬歲劇團的前身是怒潮劇社，是中國電影製片廠（簡稱「中製」）所屬的劇團，中電劇團是中央電影攝影場（簡稱「中電」）所屬劇團，中央電影攝影場是國民黨「中央宣傳委員會」的官方電影機構，這兩個機構集中了當時國內最優秀的演劇人才，原本主要從事電影製作，由於戰爭期間膠片昂貴難覓，電影和戲劇是姐妹藝術，一群電影從業人員爲增長自己的演技能力，也因爲輔導社會教育的需要，便向戲劇舞臺轉移。

國民政府投入資金組建的戲劇團體大多附屬政治部、教育部、三民主義青年團、各地方黨部，暫且不論地方黨部的官辦劇團，以國民黨中央直屬劇團看，政治部下有中電劇團、中國萬歲劇團、孩子劇團、抗敵演劇宣傳隊共 10 隊、教導劇團（成立於 1939 年上半年，1940 年 9 月因第三廳撤消而停辦），教育部下有巡迴戲劇教育隊共 4 隊、實驗戲劇教育隊，三民主義青年團直屬的有中國青年劇團社，和「中萬」與「中電」相比，「中青」是最年輕的官辦劇團，但它在全國各地的發展卻十分迅速，從 1939 年「中青」成立到 1940 年，一年之內全國各地的青年劇社達到 100 多個，其發展之速，人數和覆蓋

〔註 7〕國民黨中央教育部檔案，中國第二歷史檔案館，卷宗號 5～11921。

面之廣，明顯是有意的組建。〔註 8〕不同部門的官辦劇團工作側重點也可能有區別，政治部下的抗宣隊主要在戰區工作；教育部下的戲劇巡迴教育隊並不專側重演出，而在培養戲劇幹部，青年劇社則看重對青年的滲透。

無論是地方還是中央的官辦劇團，它們不僅宣傳抗戰，也要以三民主義爲宗旨，劇團的重要負責人均爲政府指定委派。隨著抗戰的持續，許多自發組織的劇團紛紛因爲資金籌集困難而倒閉，倒是官辦劇團因爲有政府資金資助和政策優惠而能保持一定限度的活動。一些職業劇團紛紛興起，也是借助了官辦劇團中的設備或人才。以中華劇藝社爲例，其成立之初只有十幾個基本成員，它的演出大量借用了「中萬」、「中電」、「中青」中的優秀藝術人才，而只要有好戲可演，演員也樂意在不同的劇團中穿梭，職業劇團節省了一大筆日常費用的開支，對於官辦劇團而言，演員能得到舞臺歷練，又何樂而不爲。張駿祥就說過，在重慶演戲器材都是你借我我借你的，燈泡、幕布等都是互通有無。3 其實，官辦劇團因爲資金運作較爲寬綽，硬件設施較爲齊備，專業人員業務水平較高，爲民間劇團借用的時候居多。

總的來說，官辦劇團在整個抗戰時期是比較活躍的，以重慶霧季演出爲例，1941 年霧季共演出大型話劇 29 齣，官辦劇團的演出占 40%，1942 年霧季共演出大型話劇 22 個，官辦劇團的演出占 41%，1943 年霧季共演出大型話劇 22 齣，其中官辦劇團的演出占 54%，1944 年霧季共演出大型話劇 25 齣，官辦劇團的演出占 32%，〔註 9〕雖然以單個劇團論，1941 年霧季中華劇藝社共演出 8 齣大戲，1942 年演出 6 個，1944 年中國勝利劇社演出 6 個，活動非常頻繁，但總體而言，接受了政府資助的官辦劇團仍然占據了全部演出劇目的多數，這是無可否認的。在重慶以外的國統區，除了成都、桂林、昆明以外，話劇人才本來有限，民間話劇團體數量自然不多，比較活躍的還是官辦劇團，湖南青年劇社自 1939 年成立以來，不到兩年的時間先後於長沙、衡陽、瀏陽、湘潭等地演出不下 40 餘次，並且歷次演出「成績甚佳」，「獲社會人士

〔註 8〕魯覺吾《一年來青年戲劇運動的總檢討》中寫道，一年來「全國青年劇社的成立，不但已經達到了一百個的數目，並且已超過這個數目。三年計劃，在一年之中完成，至少表現了全國青年團團員工作的熱忱和工作競賽的成績。」可見，對青年劇社的組建早已納入三民主義青年團的工作計劃之中，載《青年戲劇通訊》1941 年第 8 期。

〔註 9〕該數據主要依據石曼《抗戰時期重慶霧季公演劇目一覽》統計，該文載《抗戰文藝研究》1983 年第 5 期。

之好評」。廣東青年劇社 1940 年成立後，不到一年時間公演次數就達 13 次之多，對活躍地方文化功不可沒。

相對而言，官辦劇團的演出劇目比較注重意識形態的宣傳，其演出重點在於：鼓動民眾愛國熱情，樹立政府機構和辦事人員的正面形象，鞭撻漢奸和宣傳民族團結。一般來說，像《國家至上》、《不做順民》、《民族公敵》、《包得行》、《光榮從戎》、《蛻變》等是各地劇團上演率比較高的劇目。《國家至上》通過抗日戰爭時期回、漢兩族人們團結抗日的故事宣傳民族團結、國家至上。劇中指揮民眾抗日的縣長雖然戲份不重，但體現了國民黨基層官員的在處理民族問題時候的良苦用心。《包得行》雖然有對兵役問題的揭露，也涉及軍民合作問題、下層機構問題、傷兵問題，但是政府辦事人員的秉公執法和軍民關係的融洽使得該劇欲揚先抑。《蛻變》、《刑》等都有對現實弊端的揭露，但是曲終奏雅，前者因「意義正確」1943 年獲得教育部頒發的優良劇本獎，後者則在演出之日於《中央日報》刊發特刊，由潘公展、葉楚傖等人操筆重點推出。

實事求是地說，這些官辦劇團在抗戰時期演出了大量進步話劇，陳白塵將原因歸結爲國民黨文人拿不出像樣的劇本以及有進步思想的演藝界人士居多。但是，如果我們超越政黨立場理解「進步」二字，就應當看到國民黨政府抗戰建國的主導意識形態大體上符合民族利益。民族主義的提倡無外乎兩個目的，一是一致對外，一是淡化階級矛盾，儘管國民黨在此中仍然夾雜了政黨利益的打算，但在中國飄搖不穩的政治格局中，民族利益與政黨利益也並非涇渭分明，在這個意義上，國民黨對國家意識的強調具有歷史的合理性。它的問題不在於在戲劇舞臺上宣傳自我形象，而是在現實政治中的腐敗叢生，不在於它對三民主義的提倡強調，而在於它用暴力手段對文化力量的摧殘。

三、由統制到黨治：劇團管理的意識形態動向

抗戰時期，戲劇組織不僅作爲文化團體和宣傳機構被納入政府使用、資助、監控的範圍內，而且也成爲文化事業的一部分參與國家建設。劇團登記的目的在於方便政府部門的管理。這種管理除了資金投入、人才培養之外，管理重點還是在意識形態的控制方面，甚至資金投入也與宣傳動向緊密聯繫。雖然許多劇團都以抗戰宣傳爲己任，但有黨部背景的劇團獲得的援助的

機率更大，資金也更多，這是毫無疑問的。

國民黨對劇團意識形態的管理標準來自 1938 年 3 月 31 日國民黨臨時全國代表會議通過的《確定文化建設原則綱領的提案》，該提案規定，戲劇需以「喚起民族意識」爲主旨。從字面上理解，就是要求各劇團的活動務必適宜於抗戰建國的大背景，而實質上，何爲民族意識？它與政黨意識之間有何交叉和區別？民族救亡需要強有力的政治力量，但是政府意志是否等同民族利益？在野黨派參與抗戰，對於建國藍圖是否是一種威脅？這些複雜的政治利益的考慮秘而不宣地參與了劇團管理的程序中，國民黨政府既主張抗日民主統一戰線，進行全民總動員，又要以 「一個主義、一個政黨，一個領袖」的專制打壓有其他政治背景的戲劇活動，而且越到抗戰後期，黨治文化色彩就越濃厚。過於苛嚴的政治要求原本不利於藝術的健康生長，排斥異己的政治手段也引發了藝術界的不滿。

抗戰時期國民黨對於戲劇團體的管理主要是兩種方式，第一是協助進步劇團深入內地繼續抗戰宣傳，這個階段主要立足民族利益發揮了國家統制的作用；第二是關注其意識形態背景，扶持親和者，排斥異己者，這種方式主要立足黨派利益進行政黨統制。前者的關注點較爲單純，只要是努力於抗戰宣傳的戲團團體均可獲得政府支持，後者則比較隱秘複雜，密切監視和走訪調查均成爲判斷劇團思想動向的依據。

抗戰初期，國民黨政府由南京退守武漢再到重慶，文藝界人士也多由武漢到重慶或成都、桂林。各劇團組織莫不如此。在武漢時期，大多數劇團要求到後方繼續抗戰宣傳，請求政治部發送遣散費或軍用通行證。漢口市各界抗敵後援會宣傳隊隊員近百人，「擬即深入內地，赴湘黔公路沿線工作，俾喚起後方民眾參加抗戰」，軍委會政治部第三廳發放疏散費三百元；漢口向藝楚劇團流動宣傳隊「憤敵寇之猖狂，感宣傳之重要」，擬離開漢口前往湘西、鄂西一帶宣傳抗戰，第三廳不僅照其請求發放了軍用證明書，而且對其予以嘉獎。〔註 10〕此時，無論新劇團體還是傳統戲班，只要對抗戰有宣傳之功，具有比較詳實的工作計劃和隊員履歷，都會程度不同地獲得軍委會政治部第三廳的有限資金支持，使其能順利到達大後方繼續工作。一般來說，政

〔註 10〕《漢口市各抗戰文藝宣傳團體向軍委會政治部三廳報告工作概況並請支助經費呈》，中國第二歷史檔案館編《中華民國史檔案資料彙編》，第五輯第二編「文化」（一），江蘇古籍出版社，1998 年，頁 54～56。

治部發放的疏散費數額不大，對整個劇團運作可謂杯水車薪，與其說是經濟支持，毋寧說是政府表彰或愛國榮譽象徵。疏散費和軍用證明書是一種政府態度，體現了政府當局對抗敵宣傳團體的扶植。把扶植劇團和抗戰大業聯繫起來，這是國民黨劇團管理的起碼標準。在這個階段，國民黨政府主要是考察各個劇團致力於宣傳抗戰的努力程度，並根據其成效進行獎掖、收編、資助。

抗戰進入相持階段以後，國民黨對劇團意識形態的控制明顯加強。因爲戲劇宣傳不是空洞的政治口號，它必須落實在藝術舞臺上，用具體的人物形象、社會時事評價、可歌可泣的事迹激發愛國熱情。因此，一個群眾擁戴的劇團往往會成爲群眾意識的優秀組織者。對當局而言，這正是需要加強思想控制的理由，因爲國民黨不僅看重群眾對抗戰的支持，更看重在不同的政治主張與政黨較量中的民心向背。親和政府、宣傳三民主義、擁護最高領袖的劇團受到官方的特別關照，而不同政見背景的劇團則被限制活動範圍甚至被取締。

國民黨政府對人民團體包括劇團的意識形態傾向十分敏感。對劇團活動的監視、調查成爲一種日常工作。劇團一旦被認爲反對當局或思想左傾，則一律予以改編、取締。以七七少年劇團爲例，其活動被國民黨社會部、教育部聯手緊密追踪，「該團訓練團員方法，除授以各種宣傳技能外，並灌輸 CP 主義，以養成對本黨政府之惡劣印象，所到之處，採取各種有趣的集會方法，聯絡當地兒童、小學生、難童等，鼓吹共產主義，使兒童腦海中發生反對政府當局之思潮。」從而以該團團員尚在學齡爲由，解散劇團，並將團員強制遣送入學，此舉不得人心，團員僅有 3 人入學，政治部惱羞成怒，在文件中宣稱其他成員「如在各地有越軌非法行動，自應由地方軍警當局以嚴厲之制裁。」劇團解散之後，原劇團負責人羅修鏞在江津九中任音樂教員，其思想言論受到校長的嚴加注意，後藉口其在畢業生茶話會時「講演措詞失當」而未予續聘。〔註 11〕實質上，這還只是一個主要以未成年人爲主的劇團，最長者未滿二十歲，最小的孩子僅十一、二歲，國民黨如此防微杜漸倒顯得自己底氣不足。七七少年劇團並非孤立事件，1940 年，新安旅行團因爲「領導人

〔註 11〕《七七少年劇團請播發疏散費函及國民黨中央社會部等密查取締該團的文件》，中國第二歷史檔案館編《中華民國史檔案資料彙編》，第五輯第二編「文化」（二），江蘇古籍出版社，1998 年，頁 46～51。

員思想左傾」，被認定無存在之必要，交由第四戰區改編。〔註 12〕孩子劇團被認爲「組織不健全，人員思想欠純正」，爲了加強對該團的指導與掌握，政治部重訂編制，派遣主任委員李清燦、指導員方守謙前往指導。〔註 13〕1942 年，時任孩子劇團主任指導員的李清燦在致政治部的密函中認爲孩子劇團認識不清，趨向歧途，建議將 16 歲以上隊員保送至各訓練機關或學校，使與文化委員會杜絕往來。〔註 14〕

與七七少年劇團等形成鮮明對比是有執政黨背景的劇團，由於政治觀點的契合，他們受到當局的禮遇和優待。建國戲劇教育巡迴劇團成立於 1937 年「七・七」以後，1940 年向政治部請求補助經費時，教育部致社會部的公函中談到，該團工作人員大半爲國民黨員，其「思想均尚純正」，並要將其行蹤、日程列表「分函川陜豫三省黨部，隨時隨地加以指導」。〔註 15〕如此黨同伐異對文化事業的發展有百害無一益，對抗戰宣傳的推動也未能儘其力。其直接的結果之一就是挫傷了相當一部分青年的熱情，他們出於純眞的愛國心參加戲劇活動，未必有明確的政黨傾向，國民黨對抗戰陣營內部親疏關係的劃分極有可能促成其對文化專制的不滿，收到的效果有時適得其反。

在劇團管理方面，國民黨從立足民族利益的國家統制到立足政黨利益的政黨專制，走上一條與民主政治背道而馳的道路。過於苛刻的政治環境必定鉗制藝術的發展，也會給主導意識形態的建設帶來負面影響。此外，國民政府只重視戲劇團體的政黨性質，沒有將保護戲劇生存視爲職責。石壓筍斜出，1941 年後劇壇開始盛行游擊戰，新生的劇團此起彼伏，它們不談政治，只談商業利潤，有的僅僅演出一場便無影蹤。這種現象說明：第一，劇團登記容易。只要沒有明顯不同的政治背景，哪怕純粹追求商業利益，也不會受到主

〔註 12〕《新安旅行團爲請求緩辦改編與經費問題致張治中函及有關文電》，中國第二歷史檔案館編《中華民國史檔案資料彙編》，第五輯第二編「文化」（一），江蘇古籍出版社，1998 年，頁 169。

〔註 13〕《黄少谷爲孩子劇團人員思想「欠純正」建議加強指導並重訂編制的簽呈》，中國第二歷史檔案館編《中華民國史檔案資料彙編》，第五輯第二編「文化」（一），江蘇古籍出版社，1998 年，頁 178。

〔註 14〕《孩子劇團主任指導員李清燦關於該團内部情形及改進團務意見呈》，中國第二歷史檔案館編《中華民國史檔案資料彙編》，第五輯第二編「文化」（一），江蘇古籍出版社，1998 年，頁 187。

〔註 15〕《張仲友爲組織建國戲劇教育巡迴團報送章程等備案並請政治部收編呈》，中國第二歷史檔案館編《中華民國史檔案資料彙編》，第五輯第二編「文化」（二），江蘇古籍出版社，1998 年，頁 109。

管部門的特別限制；第二，對於商業競爭下涌現的眾多游擊性質的劇團，國民黨政府還沒有從保護藝術健康發展的角度，通過嚴格劇團申報的角度進行有效干預，而是放任自流，傷害了嚴肅戲劇團體的藝術進取心。第三，劇團登記和營業性演出之間還沒有真正形成有效聯繫，以至於商業運作有機可乘，影響了戲劇發展的良性環境。從這個意義上說，國民黨政府劇團登記規定在某種程度上流於形式，有黨同伐異的政治自私，卻無建設與保護文化事業的開國之氣。

「民國」的文學史意義

周維東*

作爲中國現代文學研究的一種全新視野，「民國」已經成爲學界炙手可熱的話題。不過「民國熱」的背後也暴露出諸多的隱憂，譬如：如何從概念走向問題，從而切實開拓出文學史研究的新範式，整體推動研究的發展；如何有效整合不同提倡者對「民國」文學史意義的發掘，使「民國」與中國現代文學的關係由紛繁變得單一，從而以更有包容度的姿態吸納更多的研究者參與等。這些問題關係到「民國視野」的有效性問題——新的視角只有推動具體研究的新發展才算是有效的視角。在推動具體研究的方面，「民國視野」中的不同視角需要取長補短、交流對話，形成更有整合力的理論體系，只有這樣「民國視野」才能形成一個開放性的研究框架，容納更多的參與者。

在「民國視野」不同視角中整合理論資源，「『民國』的文學史意義」是首先値得思考的問題。當「民國」之後被加上不同的後綴，諸如「民國文學史」、「民國史視角」、「民國機制」，研究者對「民國」文學史意義的理解及對其限度的認識自然有所不同。〔註1〕但値得注意的是，研究者對「民國」文學史意義理解的差別，很大程度緣於針對了學科發展中的不同問題，也就是說，因爲不同研究者意識到學科發展中的不同問題，才產生了「民國視野」的內部差異，只要我們換個視野，從正面直接去探討「『民國』的文學史意義」，很多不必要的紛爭就可以迎刃而解。不過，從正面探討「民國」的文學史意義，就不能局限於文學史的表面問題，只有從表面問題之後挖掘出中國現代

---

* 周維東（1979～），陝西白河人，文學博士，四川大學文學與新聞學院副教授。

〔註1〕詳見拙作《中國現代文學研究中的「民國視野」述評》，《文藝爭鳴》，2012年5期。

文學史建構中的基本理論問題，才可能對「民國」的文學史意義進行較爲客觀的評估。從這個角度出發，本文擬從中國現代文學史建構中的時間、空間和人三個側面，對「民國」的文學史意義進行探討。

「民國」與中國現代文學史的時間問題

中國現代文學自學科誕生以來，出現了多種建構文學史的理念和框架，這些理念和框架推動了學科的發展，但變更較爲頻繁。文學史觀的變化、更迭是史學研究的必然規律，但變化太過頻繁、更迭中斷延續卻容易造成學科發展的不穩定，不利於學科走向成熟。中國現代文學研究一再敏感地將視野投入到文學史理論，正是出於學科發展的焦慮。不過，就反思中國現代文學學科困境而言，與其急於找到一種更好、更科學的文學史框架，不如靜下心來重新審視中國現代文學的自身特點——很多文學史觀的出現都是爲了推翻或更替另一種文學史觀，至於其自身的合理性和限度，學界並沒有認眞深刻反省；造成的結果是，一種文學史觀在前期被全面肯定，而到後期又被全面否定，這本身便不符合學術的精神。重新審視中國現代文學的自身特點，中國現代文學研究中文學史觀念變更頻繁的問題，可以從「時間」上進行探討，問題的根本可以從中國現代文學的「未完成」狀態談起。

中國現代文學的「未完成」狀態是個相對的判斷，相對於中國文學在 19、20 世紀之交的變革，新興的「中國現代文學」在一個多世紀的歲月裏雖然幾經顚簸，但終究未有終止或另立新宗的跡象。雖然爲了研究的需要，文學史家分割出諸如狹義的「現代」、「二十世紀」等斷代區域，但都未能提供公認、有充分說服力的理由。從理論上講，歷史研究的對象在時間上應該處於「完成時」的狀態——唯有如此，才可能有蓋棺論定的結論，才符合科學的精神；「未完成」意味著不確定性，對不確定事物的任何判斷都只能算是「假說」、「猜想」，難以構成具有穩定性的信史。當年，一些中國現代文學的開創者認爲「當代文學不宜作史」〔註 2〕，理由便是如此——其實深究起來，與之相對的「現代文學」何嘗不是如此呢？

不過，「未完成」狀態似乎並非是中國現代文學難以作史的全部原因，中國古典文學在長達二千多年的歷史發展中，期間不乏有爲前朝文學作史的經驗，而且所成著述還往往成爲傳世經典，諸多觀點被沿用至今。要回答這個

〔註 2〕唐弢：《當代文學不宜作史》，《文匯報》，1985 年 10 月 29 日。

問題，我們必須再次從中國現代文學的特點出發去考慮。相對於中國古代文學的發展歷史，中國現代文學是一種「異質性」的文學，雖然它與中國古典文學有千絲萬縷的聯繫，但在語言、思想、情感、形式、生態等等方面還是發生了巨大的變化，因此中國現代文學研究的一個重要任務，便是要探究這種「質」到底是什麼？不能回答這個問題，文學史家便難以說清這種文學之變的來龍去脈，就難以清晰地描述這種文學。中國古典文學在發展過程中，雖然「一個時代有一個時代之文學」的說法，但文學並沒有發生「異質性」的變化，因此只需沿用既有的文學理論知識，就足以說清文學的變化，也足以勾勒一個朝代的文學面貌。所以，雖然中國古典文學在發展過程中，也有爲前朝文學撰史的成功先例，但在同質的文學當中，一個朝代就足以構成封閉的文學史狀態，並非是此處所說的「未完成」狀態。

中國現代文學自發生至 1949 年，似乎構成了一個較有說服力的「完成」狀態，但就文學發展的事實看並非如此。「二十世紀中國文學」提供了另一種文學斷代的可能，但文學史史家依然無法提供其與之後文學進行有效區分的理由。是否可以依照古典文學做法，在中國現代文學之內按照政治時期進行斷代，進而得出「信史」呢？這種想法在理論上可行而且是必要的：如果中國現代文學如同古典文學一般形成自己的傳統，那麼「斷代作史」無疑非常必要。然而，斷代作史碰到的難題，依然是「新文學」的「質」的問題，即這種新型的文學史究竟如何發生？不能回答這個問題，也很難說清一個時期文學與之後文學發生的變化。

所以說，中國現代文學的「未完成」狀態和「異質性」的存在，構成其史學研究的內在困境：「未完成」狀態決定了任何對這種新型文學傳統的概括都缺乏足夠的穩定性和全面性，而「異質性」的存在使對這種新型傳統的解釋成爲其史學研究的前提和基礎。這種困境在中國現代文學學科史上表現十分明顯，自這個學科誕生以來，出現了諸多文學史的架構方式和命名方式，如：「新文學」、「中國現代文學」、「二十世紀中國文學」等，每一種架構和命名都在很短的時間就暴露了其弊端和不足，都會出現文學史研究的偏頗和失衡——這是中國現代文學研究必須正視問題。

以「民國」爲期對中國現代文學作斷代研究，能不能解決中國現代文學研究的內在困境？答案是否定的。因爲一旦涉及到中國現代文學的「質」，「民國文學」的封閉性就自行解體——「現代文學」的外延顯然大於「民國文學」。

不過，在建構成熟的中國現代文學史條件尚不充分的境況下，以「民國」來結構文學史卻不失爲很好的嘗試。與「中國現代文學史」相比，「民國文學史」是一種不同的文學史架構方式：它不強調「現代／古典」、「新／舊」文學的變異性，因此可以避免如何解釋「現代」的問題；在不強調文學變異的前提下，「民國」作爲一段較爲明確的歷史時期，也不存在史學研究忌諱的「未完成」狀態。當然，在民國文學史的架構下，新、舊文學的混融狀態，會模糊文學史對新文學清晰發展脈絡的展示，會出現如何跨越「新／舊」、「嚴肅／通俗」評判文學的標準問題，但這些新的問題也會激發新的思考。譬如在民國文學框架下可能出現的問題：在現代文學已經發生的空間下，新、舊文學創作的關係探析；嚴肅文學與通俗文學的「文學性」考辯；民國體制與現代文學發展的空間探微；「左」、「中」、「右」文學所形成的文學生態問題等等——其實也是充分理解「中國現代文學」的必要基礎，是推動學科發展的新的「學術增長點」。以一直以來頗有爭議的現代舊體詩詞入史問題爲例，它之所以引起爭議，不在於文學史背後的「權力」因素，而是我們找不到它在「現代」空間下的合理位置；只有我們明瞭了「新」、「舊」文學在現代空間下的關係，更深刻理解了「現代」的內涵，自然就能夠給出理性的選擇。從這些問題出發，增進對這些現代文學中的異質文學的瞭解，比簡單將之棄之門外顯然更加科學。

「民國」與中國現代文學史的空間問題

在「民國視野」出現的背景中，「現代性」理論框架失效造成文學史評價體系的紊亂是重要原因。作爲一種被命名爲「現代」的新型文學傳統，探索其「現代性」是天經地義、水到渠成的選擇，但這種本可以推動學科發展的做法，不能說沒有爲學界帶來新的契機和思考，卻造成學科內部根本性的分歧。譬如，同樣是探討文學的現代性問題，有人在中國古典詩詞中發現了「現代性」〔註 3〕，有人在晚清文學中發現了「被壓抑的現代性」〔註 4〕，有人卻在中國現代文學中發現了「近代性」——不具有「現代性」〔註 5〕，這就形成

〔註 3〕見江弱水：《古典詩的現代性》，生活·讀書·新知三聯書店，2010 年。

〔註 4〕見〔美〕王德威：《被壓抑的現代性：晚清小說新論》，北京大學出版社，2005 年。

〔註 5〕見楊春時、宋劍華：《論二十世紀中國文學的近代性》，《學術月刊》，1996 年 12 期。

了極爲荒誕的效果：如果中國古典文學已經具備了現代性，那麼何來古典與現代的區分呢？如果中國現代文學不具備「現代性」，那麼中國現代文學被命名的依據何在呢？

其實問題的癥結在「空間」上。「現代性」歧義產生的背後，有一個微妙的空間關係，那便是以西方現代文學爲標準來參照中國現代文學。但是，「西方現代文學」是多樣化的存在，它並沒有形成某種千篇一律的標準，不同的人對其整體特徵的認識並不相同——這就形成了一個極爲荒謬的結果，不同的人用不同的尺子來丈量中國現代文學，最終評價體系的崩潰是必然的後果。其實不論「西方現代文學」是否構成了本質主義的「現代性」，單純從用西方標準來衡量中國文學的做法來看，也充滿荒謬，中西文學有不同的傳統，步入現代後的發展路徑理應不同，預設中國現代文學沿著西方現代文學發展的軌跡前行，不僅是文化的無知也是文學的無知——如果文學的發展只是爲了步人後塵，又豈有存在的理由？歸根結底，中國現代文學的「現代性」困境，在認識論上的癥結，便是在把握文學史時缺少「空間」思維，換句話說，學界在認識「中國現代文學」時，並沒有將之視爲一個獨立的空間。

中國現代文學研究中，「空間」思維缺乏表現是否明顯，最突出的表現爲兩個方面：中國現代文學的時空結構長期處於不穩定的狀態，文學史家常常根據對「現代」的不同理解而改變「中國現代文學」的外延；其次，「中國現代文學」對自身的定義也是「非空間性」的，它常常被視爲一個「過程」，而不是一個有獨立意義的空間〔註6〕。正因爲如此，中國現代文學史研究中，時間成爲異常突出的因素，學界對「中國現代文學」內涵認識的深入，常常直觀地外化成文學史「時間」的改變；而通過對文學史「時間」的調整，「中國現代文學」的內涵也就發生相應的改變。我們可以從建國後出現的有代表性

〔註6〕在「中國現代文學史」建構的敍事中，它常常被認爲是一個「過程」，譬如王瑤《中國新文學史稿》中對中國新文學的定位：「中國新文學的歷史，是從『五四』的文學革命開始的。它是中國新民主主義革命三十年來在文學領域中的鬥爭和表現，用藝術的武器來展開了反帝反封建的鬥爭，教育了廣大的人民；因此它必然是中國新民主主義革命史的一部分」。（《王瑤全集》（第三卷），河北教育出版社，頁35），如果聯繫毛澤東對「新民主主義」是中國革命一個階段的論斷，「新文學」顯然就是一個過程。再如錢理群、溫儒敏、吳福輝《中國現代文學三年內》（修訂本）中的論斷：「這樣的『文學現代化』，是與本世紀中國所發生的『政治、經濟、科技、軍事、教育、思想、文化的全面現代化』的歷史進程相適應，並且是其不可或缺的有機組成部分。（北京大學出版社，1998年，前言，頁1）

的文學史著中，非常明顯地看到「現代」內涵與文學史「時間」的關係。具體見下表：

「現代」的內涵	「中國現代文學」發生時間（標誌）	「中國現代文學」終止時間（標誌）	代表文學史著作
反帝反封建	1919（五四運動）	1949（第一次全國文學藝術工作者代表大會）	王瑤：《中國新文學史稿》（1951、1953）；唐弢《中國現代文學史》（1979）
現代化	1917 年（《文學改良芻議》發表）	1949 年（第一次全國文學藝術工作者代表大會）	錢理群、溫儒敏、吳福輝：《中國現代文學三十年》（修訂本）（1998）
現代性	1898 年前後（甲午戰敗）	世紀末	朱棟霖、丁帆、朱曉進：《中國現代文學史》（1917～1997）（1999） 嚴家炎：《二十世紀中國文學史》（2010）

在歷史把握中忽略「空間」維度，是歷史決定論的結果，更具體地講是現代性宏大敘事的產物。歷史決定論認爲歷史具有必然性、規律性和因果性，它在現代社會的表現形式便是「宏大敘事」。宏大敘事將歷史設計成一種完整的、全面的十全十美的敘事，「由於將一切人類歷史視爲一部歷史、在連貫意義上將過去和將來統一起來，宏大敘事必然是一種神話的結構。」〔註 7〕在這種敘事面前，「空間」被不斷壓縮直至成爲似有似無的「線」。從對研究的影響而言，在歷史把握中忽略「空間」之維，對文學史實的把握就不免要受到「當代思維」的影響，因爲在線性敘事的習慣中，任何歷史事件都不可避免視爲某個相關歷史事件的「前史」或「後史」。對狹義的「中國現代文學」而言，「前史」出現的前提是「當代」概念的出現，這意味著「未完成」的中國現代文學，被人爲分割成狹義的「中國現代文學」和「中國當代文學」，由於前者並不具有獨立性，因此就會被不由自主置於「前史」地位。歷史研究雖然不可避免要受到「當代思維」的影響，但在主觀上，避免先入爲主的態度也是史家的共識，因爲只有如此才可能對歷史有較爲穩定的看法。譬如學界對「五四新文化運動」的理解，無論是將其視爲「新民主主義」的起點〔註 8〕，

〔註 7〕 Dorothy Ross, "Grand Narrative in American Historical Writing: From Romance to Uncertainty", The American Historical Review, 100（1995）, p.653.

〔註 8〕 見毛澤東：《新民主主義論》，《毛澤東選集》（第二卷），1991 年，頁 662～711。

還是中國現代啓蒙運動的開始〔註 9〕，或是「一體化」的開端〔註 10〕，或是「文化大革命」的源頭〔註 11〕，無一例外都是將其視爲某個不同歷史時期的「前史」，正是如此，「五四」的形象才會出現如此巨大的反差，而「五四」究竟是一種什麼樣的面貌卻缺乏深入的刻畫。這正是「前史」思維的弊端。

除了「前史」思維的弊端，文學史研究「空間」意識的缺乏，可能導致對歷史發展中具有穩定性、永恒性精神產物的把握。中國現代文學學科奠基者之一的王瑤先生，就曾經對文學史研究中的習慣思維進行過反思：

> 經常注視歷史的人容易形成一種習慣，即把事物或現象看作是某一過程的組成部分；這同專門研討理論的人習慣有所不同，在理論家那裡，往往重視帶有永恒價值的東西，或如愛情是永恒的主題，或如上層建築決定於經濟基礎之類。研究歷史當然也需要理論的指導或修養，但他往往容易把極重要的事物也只當作是歷史發展過程中出現的一種現象；這是否有所遮蔽呢？我現在只感覺到了這個問題，還無力作出正確的答案，這或者正是自己理論修養不足的表現。〔註 12〕

王瑤先生這裏所說的「遮蔽」，到底意味著什麼？這是個仁者見仁的問題。不過，從其將「歷史—理論」、「過程—永恒」對立起來的觀點看，他所要強調的是「歷史中的永恒事物」，也就是說很多被視爲「過程」的東西，是不是具有「永恒」的價値呢？換句話說，他是對決定「過程」的文學史觀的懷疑；從歷史哲學的角度，他是對歷史的時間把握中，樹立一種「空間」意識——如果中國現代文學是一個獨立的空間，很多被視爲過程的事物是否擁有了永恒的價値呢？

在今天的立場上，王瑤先生所說的文學史中「永恒價値的東西」，至少在兩個層面上値得學界深思：第一，當「進化式」的線形歷史成爲過往，「現代」的內涵便不一定隨時間的發展呈現日趨豐富的趨勢；也就是說，今天的文學（包括文學制度、文學生態）並不一定比過去的文學更具現代內涵，過去的文學也不一定比今天的文學缺乏現代內涵，因此，簡單地將過去的文學視爲一個過程，顯然不利於對中國現代文學「現代」內涵的揭示。與之相適

〔註 9〕見李澤厚：《中國現代思想史論》，生活·讀書·新知三聯書店，2008 年。
〔註 10〕見洪子誠：《中國當代文學史》，北京大學出版社，1999 年，頁 4。
〔註 11〕見林毓生：《中國意識的危機》，貴州人民出版社，1986 年。
〔註 12〕王瑤：《王瑤全集》（第五卷），河北教育出版社。1990 年，頁 662。

應，學界應該從「空間」上把握中國現代文學的「現代」內涵，「現代」應該是由不同時期人類文明的「制高點」形成的空間結構，在這種結構下，歷史當中的每一個點都有可能成爲「制高點」，就有可能成爲「永恒價值的東西」。第二，與拋棄線性歷史相對應，中國現代文學也應該從中西二元對立的思維中解放出來。如果「現代」是由不同時期人類文明的「制高點」形成的空間結構，那麼「中國現代文學」的空間不可能與「中國古代文學」或「西方文學」的空間重合或被遮蔽，因爲人類文明的向度並非一致，因此成就並不具有完全的可比性。因此中國現代文學創造出的在人類文明中的「制高點」，也是「永恒價值的東西」。在過去研究中，很多學者將「現代性」視爲全球普適的某種標準，由此來衡量中國現代文學，得出所謂「二十世紀文學的近代性」、「譯介的現代性」等看法，都是用西方標準來消解中國現代文學的獨立性。這也是對中國現代文學研究中「永恒價值的東西」的漠視。

從確立中國現代文學研究的「空間」意識的角度，「民國」的重要文學史意義在於它也是一個「空間」，雖然「民國空間」與中國現代文學的「現代空間」並不能簡單地劃上等號，但它對於增進學界對「現代空間」的認知卻大有裨益。作爲兩種不同的歷史認知方式，「民國空間」與中國現代文學的「現代空間」是平行結構，雖然兩者的具體所指可能有重合之處，但它們所要展示的歷史內容卻存在差異：「民國空間」所要揭示的是一種政權形式爲文學提供的生存空間，「現代空間」則是現代文學在一定時空內創造出的精神空間；如果將「民國空間」等同於中國現代文學的「現代空間」，就等於將「民國文學」視爲中國「現代文學」的標準，這不僅不符合歷史實際，在認識上也犯了機械主義的錯誤。不過，在「現代」的時間邊界尙尋在爭議之時，「民國」至少在以下三個方面對於中國現代文學研究有不可忽視的意義：首先，它可以幫助我們將歷史對象認識固定在一定的時空內，避免「前史」思維對歷史對象的人爲變形和歪曲；其次，它將民國時期的文學視爲一個獨立的空間存在，在方法論上克服了「中西二元對立思維」的思維「瓶頸」；最後，民國空間中涉及到國家體制與文學發展複雜關係的重要內容，本身也是「現代」的重要內涵之一，對這些現象的揭示也是對「現代」的深刻揭示。

民國與中國現代文學中的「人」的問題

「民國」在中國現代文學研究中出現的重要原因之一，在於它補充了中國現代文學研究中的很多缺失，譬如張中良先生提出的「民國爲中國現代文學提供的發展空間」、「還原面對民族危機的民國姿態」等問題；李怡先生提出的「民國機制」問題，都是中國現代文學研究中的「盲點」（或是重視不夠的領域）。這些問題的出現，可以歸咎於文學史研究中「空間」維度的缺乏，因爲這些問題都屬於「空間」問題，如果我們恢復了中國現代文學發生發展的空間，這些問題就可能不會成爲盲點。但是歷史畢竟是歷史，歷史空間的恢復只能依靠後人的想像，即使我們填補了這些盲點，其實依然可能還有很多新的盲點存在著。就恢復歷史的空間的角度，我們必須在文學史中加入「人」的維度，因爲任何空間都是爲人的實踐所創造，只有牢牢地把握了「人」的維度，才可能充分還原歷史的空間。張中良先生和李怡先生指出的研究「盲點」，從「人」的維度去思考，是中國現代文學史研究的基礎問題，文學是由「人」創造的，人的活動離不開所處時代的社會語境，不考慮「人」與時代的關係來談文學——至少不符合史學研究的規範；

但是在既往的中國現代文學研究中，「人的文學」的傳統常常被忽略——或者說並沒有被充分體現出來。王富仁先生在上世紀 90 年代批判「中西二元對立」思維曾指出了這一問題。他指出：

> 這個我們過去常用的研究模式有一個最不可原諒的缺點，就是對文化主體——人——的嚴重漠視。在這個研究模式當中，似乎在文化發展中起作用的只有中國的和外國的固有文化，而作爲接受這兩種文化的人自身是沒有任何作用的，他們只是這兩種文化的運輸器械……〔註 13〕

王富仁先生在具體分析中，指出「人」在中國現代文學發展中作用主要體現爲兩個方面——選擇和創作。具體說來，在中西即有文學傳統和文學資源下，「人」的「選擇」推動了歷史的具體進程；「人」的「創造」爲歷史發展注入了「各不相同的個人因素」。其實這也是美國學者安德魯・芬伯格認爲「可選擇的現代性」〔註 13〕的存在原因，正是「人」的參與，歷史發展並非理想狀態的客觀公正，而不可避免加入了「人」的痕跡。

準確地說，過去的文學史研究也並非沒有注意「人的文學」的重要意義，

〔註 13〕王富仁：《對一種研究模式的質疑》，《佛山大學學報》，1996 年第 1 期。

〔註 13〕〔美〕安德魯・芬伯格著，陸俊等譯：《可選擇的現代性》，中國社會科學出版社，2003 年。

只是僅僅將之理解爲文學的性質問題，將「人」的理解成某種觀念和主義。這就將「人的文學」的內涵偏狹化了，「人的文學」不僅是中國現代文學的一面旗幟，也是文學史研究中的一個常識；它不僅是文學性質的區分標準，也包含了「人創造的文學」的動態內涵。忽略了後一個內涵，就忽略了人的具體性，就是對「人」的理解的偏狹。

其實，在文學研究中忽略了「人」的作用，也是對「文學」理解的偏狹。文學研究中「二元對立」思維的背後，有一個抽象的「文學」存在，即文學是某種樣態。正是有這種思維的存在，研究者便可以在一部文學作品、一個文學思潮中發現「本源」的因素。這種對文學抽象理解的弊端十分明顯，它肢解了文學（作品或思潮）的完整性，同時也僵化了文學傳承的豐富性。

對「人」和「文學」的抽象理解並不僅僅是人爲的結果，在某種程度上，它可以視爲「現代」歷史框架的必然局限。按照法國社會學家列斐伏爾對「空間」歷史的考察，「現代」是資本主義「抽象空間」的表徵。「抽象空間」是列斐伏爾根據資本主義生產方式而界定的一種社會空間，它的顯著特點是「擦除區分」〔註 15〕，「資本的本性，資本主義的本性，決定了資本主義的抽象空間必然以消除各種空間性差異，實現世界空間的一致性爲目標」〔註 16〕。「現代」作爲抽象空間的表徵，是構想出來的人類歷史的發展階段，它被假想爲全人類的必經選擇，其內涵也被進行了本質主義的界定，否定了差異性「現代」存在的可能。在此歷史框架中，人的差異性和文學的豐富性自然便受到壓制，「人」和「文學」都變成扁平化的存在。

因此，在中國現代文學研究當中，不僅應該在認識論上加入「空間」之維，還應該注意到這個「空間」不是一個「抽象的空間」，而是一個「差異空間」。「差異空間」是列斐伏爾對資本主義「抽象空間」的批判後創造出的一種理想空間，所謂「差異空間」，即強調差異性，從而給個體充分的自由。其實，只要中國現代文學研究中體現「人的文學」的精神，中國現代文學的空間自然是一個「差異空間」，因爲「人」是豐富的，只要注意到人在中國現代歷史中的具體存在，中國現代文學必然呈現出豐富性、差異性、多元性。

〔註 15〕Henri Lefebvre. The production of space. Translated by Donald Nicholson-Smith. Oxford UK Blackwell, P48. 1991

〔註 16〕張子凱：《列斐伏爾〈空間的生產〉述評》，《江蘇大學學報》（社會科學版），2007 年 5 期。

反過來，只有我們在意識中認識到「現代」是差異性的存在，中國現代文學本身便是多元並呈的格局，「人的文學」的精神也自然會在研究中得到貫徹和體現。

就「空間」的性質而言，「民國」建構的歷史時空屬較為中性的「歷史空間」，其特點是它並不強調內部事物的有序性，既不強調抽象的統一，也不強調差異的多元。就恢復「人」在文學發展中的主體地位而言，在「差異空間」尚難以建構的境況下，中性化的「歷史空間」是有效的補充。「民國文學」將「文學」回歸到「民國社會」的廣闊空間，在這個空間中，「文學」和「人」的具體性都可能得到極大還原，它有助於我們建構中國現代文學的「差異空間」。

結語：史學的「民國」與方法的「民國」

概括起來，「民國」的文學史意義可以從史學和方法兩個層面上進行考察。在史學上，民國在時間上的確定性，可以為「未完成」的中國現代文學史提供了一種斷代考察的可能，這對於尚處於無限發展中的中國現代文學而言，可能是長期採用的權益之舉；其次，作為一種用「空間」結構文學史的新範型，可以幫助中國現代文學研究回到正常的時空結構之中，打破現代性「宏大敘事」和中西「二元對立」思維造成文學史認知的先在偏見，突出中國現代文學的獨立性和創造性；最後，「民國」作為一個中性歷史空間，可以避免「現代」抽象空間對「人」和「文學」豐富性的壓制，從而可以最大可能彰顯中國現代文學的內在豐富性。

「民國」的史學意義對於具體研究而言，可以生發出許多新的研究點，如「民國史與中國現代文學」，「民國機制」中涉及到民國法律、民國出版、民國政治、民國經濟等因素與中國現代文學的關係，再如國民黨政權主導下的文學現象和文學思潮等等，或者在過去的研究中被忽略，或者有研究但考察不深入，對這些問題的深入研究，可以豐富我們對中國現代文學的認知。

「民國」的史學意義，決定了「民國文學」作為一個歷史框架在當下的必要性——甚至在未來的文學史研究中，「民國文學史」可能成為長期的斷代策略。但在具體研究中，我並不認為可以拋棄「現代」，雖然現代作為一種本質化、抽象化的歷史建構策略顯出了諸多弊端，但正如美國學者斯蒂芬・埃里克・布隆納在啟蒙受到質疑後「重申啟蒙」一樣，「現代」和「啟蒙」作為一種「進步思想」，「保留了一種批評的維度，因爲它意味著質疑現有的確定性」。〔註 17〕這種批評的維度對於當下中國來說，具有不可或缺的意義。

在「民國」的史學意義中，我們還能覺察到「民國」作爲一種「方法」的存在，那便是在文學史研究中加入了「空間」維度。其實，無論是「民國文學史」、「民國史視角」，還是「民國機制」，背後體現的都是一種「空間思維」，更具體地說，都是將中國現代文學置於「民國空間」中去認知、理解和研究。這個過程，看似彰顯了「民國」，實際體現出的是「空間」精神。中國現代文學研究過去太注重時間的延續性，認識事物習慣於前後聯繫、左右參照，以便形成一個時間的敘事，這種做法導致的結果，便是對歷史對象的認識遮蔽與彰顯同在，大到整個「中國現代文學」，小到具體的思潮、流派、作家，文學史都不能爲其塑造一個正面的、確定的形象。其實，這正是在文學史研究中缺少「空間」維度的弊端，如果不能在空間上把握一個對象的存在，這個對象便失去了它的獨立性和確定性，沒有獨立性的事物怎麼可能會有確定的形象呢？

「中國現代文學」長期處於這樣曖昧不明的境地，作爲一個獨立學科，它老是被置於中國古典文學和西方現代文學的「夾縫」當中，似乎具有自己的獨立性，又似乎不過是另外兩種文學的一個「影子」。眞的是這樣嗎？問題的根本是，我們從來沒有去認識中國現代文學的「空間」，沒有認識到在這個新型文學傳統的背後，有一個更加確定更加獨立的「現代空間」——有了這個「空間」的存在，「中國現代文學」必然與「中國古典文學」和「西方現代文學」拉開了距離。

爲了說明中國現代文學的獨立性，王富仁先生曾經創造性地提出了「對應重合論」，他以魯迅爲例對此理論進行了具體說明：

> 魯迅對周圍現實的反諷態度與果戈理等外國作家對他們自己的社會的反諷態度、與吳敬梓等中國古代作家對他們那時的中國社會的反諷態度在魯迅這裏構成了一種重合的關係，由於這種重合，三者的界限在魯迅這裏已經不具有實際的意義，你同時可以用三種不同的方式指稱它，你可以說它是外國文學的影響，也可以說它是中國古代文學傳統的繼承，又可以說是魯迅個人的獨立創造，但不論怎麼

〔註 17〕斯蒂芬・埃里克・布隆納：《重申啓蒙——論一種積極參與的政治》，江蘇人民出版社，2006 年，頁 23。

說，都不意味著中外文化的簡單對立。〔註18〕

其實，如果從空間的角度認識這一問題，魯迅的創造性更容易得到彰顯。魯迅的反諷與果戈理和吳敬梓的反諷最根本的差別，是它們存在的社會空間的不同，更具體地講是魯迅與果戈理、吳敬梓社會遭遇的差別，這決定了他們進行反諷的動力、對象已經包含情感的差別，直至最終審美效果的差異。不僅是魯迅，中國現代文學的很多作家的獨創性，只要在空間的範疇中去認識，都能得到更加深刻地認知。

在這裏，爲了更清晰地說明中國現代文學研究中增加「空間」維度的必要性，很有必要對「空間」的具體內涵作更進一步的說明。「空間」不是一個假象之物，它的基礎是人的實踐活動；空間之所以應該成爲歷史考察的重要維度，是因爲人的實踐活動首先在空間中展開。因此，空間的第一層內涵是與人的實踐活動相關聯的諸多社會因素所形成的社會關係。就文學研究而言，它便是張中良先生所要進行的「歷史還原」之後的社會空間，也是李怡先生在闡述「民國機制」時指出的「是從清王朝覆滅開始在新的社會體制下逐步形成的推動社會文化與文學發展的諸種社會力量的綜合」〔註19〕。其次，就人的實踐而言，它不僅在一定的社會空間中展開，同時又創造出新的社會空間。「（社會）空間是（社會的）產物」〔註20〕，這對於文學研究的啓發意義在於，在一定社會空間中形成的文學思潮、流派、分類又構成了一個新的空間，譬如現代文學中「左／右」、「新／舊」、「雅／俗」的關係，也形成一種「空間」存在，也是文學研究的重要內容。「空間」的兩個層面內涵在具體歷史過程中形成辯證的關係，「空間」既是因又是果，既是產物又是前提，正是這個動態的過程，「空間」與「歷史」不可分割的結合在一起。

從「空間」的角度，許多中國現代文學研究的難題更容易得到合理的解決。譬如中國文學的現代之變，過去從文學的思想、語言、制度、形式等等方面進行分析，得出的結果基本上都是「傳統之中有現代，現代當中有傳統」——這種模棱兩可的說法等於沒有作出回答。實際上，中國現代文學之變是形成了一個新的文學「空間」，在這個空間中，既使是同質的文學技巧、類型，

〔註18〕王富仁：《對一種研究模式的質疑》，《佛山大學學報》，1996年第1期。

〔註19〕李怡：《民國機制：中國現代文學的一種闡釋框架》，《廣東社會科學》，2010年6期。

〔註20〕Henri Lefebvre. The production of space. Translated by Donald Nicholson-Smith. Oxford UK Blackwell,P26. 1991

因爲與周圍事物關係的變化，自身也已經發生了變化。譬如上文提到的魯迅作品中的「反諷」、再譬如飽受爭議的「舊體詩詞」，再譬如學界常提的「抒情傳統」、「中國經驗」種種，當它們出現在不同的敘事結構，文類結構、表意習慣中，與不同的精神個體相聯繫，自身已經發生了變化。

準確地講，過去的中國現代文學研究，並非全然沒有注意到「空間」，譬如「階級分析法」也注意到政治、經濟環境對文學發展的影響；「純文學」觀下的外部研究也挖掘出現代傳媒制度等因素的重要意義；包括「純文學」要將文學從政治的陰影下獨立出來，都是從「空間」出發進行的思考。但是，這些對空間的思考，都存在著各種各樣的偏狹，最終並沒有改變文學史被時間主宰的事實。「階級分析法」對文學政治經濟制度的考察，「外部研究」對文學工業的研究，都只是將「空間」理解爲文學生產的「物質空間」，忽略了文學生產、空間與「人」的豐富聯繫，因此並不能對中國現代文學所形成的空間進行整體把握。「純文學」將文學視爲一個獨立的空間，在「物質空間」之外認識到人的「精神空間」的存在，但它將「精神空間」與「物質空間」對立起來，忽略了「人」的完整性，因此也難以全然揭示中國現代文學的空間內涵。正是這些原因的存在，文學史研究留給了「民國」歷史文化框架豐富的闡釋空間。

附　錄

「民國社會歷史與中國現代文學」學術研討會綜述

王永祥

2012 年 12 月 1 日～2 日，由北京師範大學民國文化與文學研究中心（籌）、北京師範大學文學院、西川論壇組委會共同舉辦的「民國社會歷史與中國現代文學」學術研討會在北京師範大學文學院舉行。此次研討會就現代文學研究中引入民國視野的方法論意義、現代文學與民國政治法律的關係、民國時期的文化出版制度及審查制度等議題展開深入討論，從更爲新穎、富有歷史感的角度審視了現代文學發展背後的民國政治文化的生成機制。

一、「民國視野」的有效性

在這次會議上，很多學者圍繞文學史的命名展開深入討論，與會者都感受到「中國現代文學」這一概念對研究對象的束縛，從學科長遠發展的眼光來看，這一概念肯定是一個過渡性的概念，如何用一個更具有統攝力的文學史概念來爲新文學命名，與會學者就近年來大家提出的「民國文學」、「民國文學史」、「民國機制」等學術概念的內涵與外延進行學理分析。丁帆闡釋了辛亥革命之後所建立的中華民國這一現代國家體制對新文學的巨大作用，認爲文學史的立足點應該放在整個國族的基點進行建構，以國族爲出發點的民國文學史的命名在學術理念上應該超越於黨派意識形態之爭。張福貴更進一步探討了他多年以前所主張的以時間斷代爲文學史劃分的原則，在時間的框架內，將過去文學史所側重的價值判斷先扭轉爲事實判斷，並重新確立屬於當代的文學史哲學觀，文學史的目的在於實現史實辨析與價值邏輯的統一，由此實現「重新確立和選擇事實與思想，清除『僞事實』和『僞文本』」的文學史寫作目的。張中良認爲文學史不應該是窄化的單線條勾勒，而應注重多種文學寫作、風格、流派、模式的歷史樣態，在強調還原歷史眞實面貌的學術取向中，他借鑒生態學的觀點，認爲民國文學的特點就在於擁有豐富的文學形態，這些形態各異的文學既矛盾衝突、又相互依存，共同交織交融爲一個整體性的民國文學生態系統。賈振勇反思了現代文學史編纂與寫作的得與失，在和既往的文學史概念的比較中，闡釋「民國文學史」這一概念給我們當下文學研究帶來的學術發展的可能性。周維東側重探討了民國視野的方法論意義。將「民國」這一視野引入文學研究中，給我們當前的文學史研究具有怎樣的方法論啓發，周維東認爲「民國」這一視角的引入，能較好地處理因現代文學發展的未完成狀態、及與傳統相對應的異質性變革給研究帶來的治史困境。「民國」視角所帶來的方法論的最大意義就在於強調歷史空間的相對獨立性，在探究空間化的各種歷史力量博弈的關係中，改變過往強調線性發展的歷史觀所帶來的窄化歷史的弊病，從而將民國作爲一個相對獨立的歷史空間，並發掘其在現代文學發展中的獨特性與複雜性，以相對穩定的研究對象的設定來解決現代文學史研究的困境。張桃洲將民國文學史的概念與現代文學、「二十世紀中國文學史」等概念之間的兼容性做了分析，認爲民國文學史的概念應該在和已經成型的文學史的相互闡發和補充中才能發揮其有效性。來自臺灣的學者張堂錡則闡釋了民國的現代性和現代性的民國這兩者之間的關係，認爲民國和現代性之間的矛盾與統一應該成爲我們關照這一時段文學史的一個理論支點。

應該說眾多學者在引入「民國」視野的時候，不單純是對既往研究模式的顚覆，也不僅僅是對現代文學研究對象的簡單擴容。更爲重要的是如何立體地、歷史地呈現民國這樣一個特定歷史時段對現代文學所賦予的歷史內涵，這就要求我們改變既往的研究模式和方法，打破慣常的內部研究與外部研究的劃分，對現代文學的歷史生成機制有更爲深入的考察和理解。

二、民國政治法律之下的現代文學

從政治法律的角度探討新文學生產的社會空間與文學創作的現代精神，是會議關注的一個核心論題。李怡梳理了自晚清以來在憲政理想與專制力量的博弈中新文化（新文學）為自身發展艱難地開闢生存空間的歷史脈絡，憲政作為一種深入人心的政治理想，既鼓舞著知識分子為自身權利和文化創造進行不懈的努力，又對專制力量構成一定的束縛，同時這種理想和現實的矛盾造成了民國社會多元力量並存的複雜格局，新文化才有了在各種空隙中艱難發展的社會空間，而正是在對自身文化空間的維護與抗爭，又賦予了新文學別樣的現代品格。門紅麗以民國法律體系對民國社會文化的建構為出發點，分析民國法律體系對社會文化空間的維護，以及對「現代國家」、「現代公民」觀念體系的建構與新文化之間的關係。王永祥則圍繞《新青年》前期國家文化的建構，對與新文學發生密切相關的個人主義、文化生產空間及語言變革做了仔細的梳理與辨析。李哲以北京大學為中心，將蔡元培的北大變革中所含的政治文化做了詳細的歷史考察，分析了現代學術在超軼政治中實現政治效能的可能性與現實性。張武軍從民國憲政框架和法制理念出發，闡釋左翼文學的發生，以及在與右翼文學的話語權爭奪中的憲政歷史背景。楊華麗從民國法律體制的角度，考察了《中國新文學大系》的編輯過程與國民黨文化統制政策之間的關係，對新文學自我證明的歷史情境做了還原。循此思路，楊華麗考察了魯迅 1933～1935 年間雜文創作與國民黨文化管制之間鉗制與反鉗制，從更為開闊的視野上對魯迅雜文的寫作形態做了歷史分析。傅學敏考察了抗戰時期國民政府對戲劇團體活動的管制和干涉，戲劇被作為國家意識形態建構的重要領域，經歷了從立足民族利益到黨派利益的演變，而國家的管制也走向專制獨裁。符平則考察了國民政府對新聞與文化出版業的管制與市場自由的博弈中，民國文化生產空間中的亞自由狀態。袁少沖圍繞大後方「軍紳」社會權力之間的政治鬥爭所形成的文化間隙，以及文化人利用這種間隙進行文化生產的歷史情境。顏同林考察了趙樹理小說反映的晉東南農村秩序的歷史變革過程，認為在趙樹理小說中，敘述的核心是鄉村權勢與法制搏鬥消長的過程，特別是將鄉村法制的重建與山西當時的政治勢力的變遷聯繫起來考察，提供了一個解讀趙樹理小說的一個新視角。

除了對與現代文學生產密切相關的政治法律背景做考察外，與會者從作家和文本中所體現的現代法律精神為出發點，對文學作品和作家的精神世界做了細微的分析。王學東以法律意識的分析作為切入穆旦詩歌的路徑，探討了穆旦後期詩歌和奧登的關係，並以法律精神中的核心觀念「權力」和「個體權利」解讀穆旦的詩歌精神，以此為基礎對穆旦的詩歌美學特別是其所主張的「新的抒情」做了新的闡釋。同樣以法律爲視角解讀文學作品的還有胡昌平對《原野》的分析，圍繞法律和文學想像抵達正義主題的不同路徑，胡昌平分析了兩者在《原野》中的糾葛。譚梅通過對民國時期婚姻法的考察，將婚制變革、啓蒙話語、女性解放作爲闡釋「五四」時期婚戀小說的三個維度，以及多重話語在婚戀小說中的纏繞。賈小瑞從婚姻法律變革的背景出發，綜合社會文化心理的剖析，在以法律視角解讀魯迅的《離婚》中，將當時社會文化心理做了深入和精闢的分析，讓我們看到法律作爲一種文化，彌散在社會生活中時和各種力量之間錯綜複雜的關係。黎保榮從現實方式與文學方式兩個角度考察了魯迅與法律之間的複雜關係，魯迅在現實中既以法抗權，又批判法律與權力的共謀，既批判人治以伸張現代精神，又在質疑法制中反抗現代體制對自由精神的束縛，從而展現出魯迅精神中和法律的複雜關係。

三、出版審查制度與現代文學生產

出版審查制度是與會者考察民國政治文化生態一個重要議題，與會者從《大清著作權律》到國民黨繁多的書刊審查制度，通過宏觀與個案的剖析，讓我們更爲準確地理解了民國時代文學的社會生產空間中豐富的歷史細節與內涵。

錢曉宇和李直飛都以《大清著作權律》作爲考察對象，分別從不同的視角審視了中國第一部版權法對現代文化生產所帶來歷史作用與局限。錢曉宇考察了由中國傳統的版權意識到現代法律保護之下版權法的產生，其中涉及的不僅僅是中國現代法律意義上版權意識的誕生，更爲複雜的是中西文化交流中文化輸出的不對等的錯綜關係；李直飛則以中國現代知識分子身份意識的轉化，將《大清著作權律》與科舉考試制度相對照，詳細辨析現代知識分子個體權利意識的形成、現代文化市場的出現以及在民族國家建構中個體權利與國家秩序建構之間的矛盾糾葛。任冬梅考察了從晚清的《大清印刷物專律》、《大清著作權律》到民初的《出版法》、《著作權法》的嬗變與社會輿論空間的發展，同時將法規制度建設與社會幻想小說的演變相聯繫探討二者之間的關聯。胡安定通過圍繞《玉梨魂》的版權之爭的個案考察，看到傳統版權意識向現代版權意識的轉化，其中關涉到著作者權利與出版者權利的糾葛，以及作家身份意識的確立與現代文化市場中文化商品觀念的建立。康鑫圍繞張恨水《啼笑因緣》的三次版權糾紛，同樣以作家身份意識的轉變探討了現代法律對作家的深刻影響，以及文學社會生產中複雜的利益糾葛。

羅執廷在宏觀上考察了民國出版機制的管理理念、運作經營模式，特別是對政府的管控機制、司法的調節機制與民間的應激機制三者間關係的梳理，呈現出民國出版機制運作的複雜形態，而多種經營模式的競爭互補格局，讓我們更爲準確地理解新文學在民國出版機制中的生存空間。李金鳳則將民國時期的新聞管制與不同時期的政治勢力的消長聯繫起來考察，探討輿論空間與政治博弈之間的關係。盧軍以 1930 年代的《生活》傳媒系列爲中心，詳細考察了國民黨書報審查制度的演變與實施，由註冊登記制到審查制，再到審查批准制，從個案剖析了國民黨對書報和輿論的審查與監控，爲我們展現了國民黨文化專制時代的文學生態狀況。但與國民黨嚴苛的審查制度相對應，《生活》傳媒系列依然創下中國近代期刊發行史上的新紀錄，其中的審查與反審查更能展現民國特有的書刊生存機制。同樣的個案研究有呂潔宇以《廣西婦女》爲例，詳細考察圍繞這份雜誌的審查制度，並將這一制度背後的政治力量的博弈展現出來，看到大後方一個特殊地區的政治文化生態。而黃菊則考察了戰時重慶國民政府的書報審查制度以及這一制度從擬定到執行過程中，複雜的人際糾葛和政治文化氣候的變遷，爲我們歷史地理解國民黨書報審查制度提供有益的啓示。

顯然以上學者對民國視野中政治法律與現代文學之間的關係的考察爲我們歷史地理解現代文學提供了很好的參照。我們將民國視野引入現代文學的研究中，不是爲了推翻現有的文學史研究視野，而是將以前對現代文學性質的追問改變爲歷史的還原與重建，以政治法律作爲切入民國視野的一個視角，是開啓我們重新建構現代文學研究平臺的一次紮實努力，能否將這一平臺建構在更爲穩固的歷史中，還有待更多學人的討論與努力。

「民國社會歷史與中國現代文學」學術研討會感言

李　斌*

很高興李怡先生邀請我參加這個會議，剛才王保生老師說我代表專家發言，與其說是專家，不如說是來取經的學生。這次參會，我有四點學習心得。

第一點，我覺得「民國文學」這個概念是成立的。跟很多與會者一樣，起初我對這個提法也有保留。我懷疑這個概念在多大程度上有實際意義，是否只是新術語熱鬧過場，骨子裏還是舊貨。但通過這兩天的研討，我逐漸接受了這個概念。我的理解很樸素，所謂「現代文學」，「新文學」，它不可能一直「現代」下去，「新」下去。在我們的日常生活用語中，「現代」、「新」往往都指向當下，用這兩個詞去指涉七八十年前的文學，確實有些彆扭。而且，隨著時光的流逝，五十年後，一百年後，人們總不可能還用「現代」、「新」去指一百年前、兩百年前的文學吧？所以，產生於 20 世紀上半葉的文學，它不會永遠被冠以「現代」、「新」的名號，它必然會被其它稱謂所取代。我認為，「民國文學」的提出適逢其時，是「現代文學」、「新文學」的最好代替詞。

第二點，「民國文學」概念的提出，有助於我們這個學科的學風更為樸實厚重，更為活潑充盈。「民國文學」的重要內涵，是在民國框架，民國機制，民國社會歷史語境中來理解 20 世紀上半葉的文學。以前很多人喜歡用西方的時髦術語來解讀現代文學，或者從文學作品本身出發去尋找現代性、文學性。這些都是很好的研究路向，但如果過於強調這些路向，必然遮蔽更多更為豐富的東西。「民國文學」概念的提出，很大程度上是對上述研究範式的突圍。這次會議我聽到很多爭論，有些學者認為「民國文學」就是國民黨領導下的

---

*　李斌，男，1982 年生，四川南部人，文學博士。供職於中國社會科學院郭沫若紀念館。主要從事中國現代作家作品、抗戰文化及民國文學研究。

黨國文學，右翼文學，有些學者認爲「民國文學」指的是國民黨實際統治區域的文學。他們產生了左翼文學、解放區文學怎麼辦的疑惑？我認爲，對於「民國文學」的理解不能這麼狹隘。無論是右翼文學、還是左翼文學，無論是國統區文學，還是解放區文學、淪陷區文學，只要發生在 1912～1949 年間，都應該算著「民國文學」。正因爲有著這些相互牽制、相互矛盾的因素，民國文學才顯得生氣彌漫。當然，很多學者的質疑都非常有力，這是好現象，沒有爭論就沒有進步。「民國文學」的提倡者認眞對待這些爭論，吸收合理的建議，就會使這個「概念」的內涵越來越確定，越來越經得起推敲。

第三點，在「民國文學」概念之下，必然會涌現很多新的學術生長點。李怡老師的團隊有意識地在向前推進，並且取得了很好的成績。去年在蒙自召開的現代文學與民國經濟研討會，今年在臺灣花木蘭文化出版社出版的「民國文學與文化研究文叢」，今天在這裏召開的「民國社會歷史與中國現代文學」學術研討會，都是在「民國文學」的概念之下所出現的紮實的研究成果。這兩天在會上宣讀的很多論文，尤其是年輕人的論文，令人耳目一新，深受啓發。比如討論解放區小說、曹禺戲劇、穆旦詩歌中的法律問題。這些文本一直以來都是我們這個學科探討的熱點，學者們從各個角度進行解讀，產生了很多優秀成果。但從法律這個角度來解讀還很少見。如果不是受「民國文學」這一理論觀點的燭照，如果不是在這一理論觀點之下有意識去研讀民國中央政府、地方政府的法律文書，我想很難產生這些如此有新意的選題。

第四點，這次會議有很多觀點給我啓發，我深表認同。比如張中良老師在發言中說，現代文學研究離開民國史根本不行，民國史視角的介入是現代文學突破的契機。他舉例說，對於延安文藝座談會上的講話，如果不瞭解當時抗日戰爭戰場的變化，國共實力的消長，解放區的整風情況，就很難眞正讀懂這次重要的講話。我覺得這一意見非常重要，非常具有指導性。我個人在研究中對這一點體會很深。我最近研究抗戰結束後郭沫若對沈從文的四次批評，很多學者都認爲這屬個人恩怨，郭沫若的批評不合適，簡單粗暴，跟沈從文不在一個層面對話。但是，假如對 1946～1948 年間的政協會議，國民大會，國共力量對比的變化，民盟等第三方面勢力的活動及被打壓，主要報刊輿論等民國史有所瞭解，我們對郭沫若批評沈從文這一事件，當有新的瞭解。

以上是我的四點學習心得，不當之處，請各位多批評。最後預祝在「民國文學」的研究範式下，有越來越多的紮實成果出現。

「民國社會歷史與中國現代文學」學術研討會會議議程

北京師範大學民國文化與文學研究中心（籌）

北京師範大學文學院

西川論壇組委會

二〇一二年十二月

一、與會人員簡況

張中良：中國社會科學院
張福貴：吉林大學文學院
陳福康：上海外語大學
張堂錡：臺灣政治大學
高遠東：北京大學
欒梅健：復旦大學
李　今：中國人民大學
張潔宇：中國人民大學
王保生：中國社會科學院《文學評論》
黃維政：中國社會科學院《中國社會科學》
方　寧：中國藝術研究院《文藝研究》
傅光明：中國現代文學館
李　斌：郭沫若紀念館
祝曉風：《中國社會科學報》

郝日虹：《中國社會科學報》
杜潔祥：花木蘭文化出版社
楊嘉樂：花木蘭文化出版社
陳紹文：中科華世市場總監
趙步陽：金陵科技學院
李光榮：西南民族大學
彭　超：西南民族大學
曹立新：廈門大學
胡學常：南開大學
鄧建鵬：中央民族大學
畢　海：中央民族大學
沈　芸：中國電影藝術中心
張桃洲：首都師範大學
賈振勇：山東師範大學
肖偉勝：西南大學
胡安定：西南大學
張武軍：西南大學
黃　菊：西南大學
姜　飛：四川大學
周維東：四川大學
錢曉宇：華北科技學院
顏同林：貴州師範大學
彭冠龍：貴州師範大學
羅執廷：暨南大學
盧　軍：聊城大學
袁　莉：四川師範大學
黎保榮：肇慶學院
倪海燕：肇慶學院
布小繼：雲南紅河學院
康　鑫：河北師範大學
門紅麗：中國石油大學

王學東：西華大學
傅學敏：西華師範大學
張　霞：西華師範大學
劉海洲：商丘師範學院
胡昌平：新疆塔里木大學
楊華麗：綿陽師範學院
袁少沖：運城學院
霍俊明：北京教育學院
賈小瑞：魯東大學
李艷爽：北京聯合大學
胡寶凱：黑龍江省伊春市政府
符　平：《紅河日報》
孟春蕊：《文藝爭鳴》
李青果：《中山大學學報》
李宗剛：《山東師範大學學報》
郭　娟：《新文學史料》
舒晉瑜：《中華讀書報》
劉　霄：《中華讀書報》
周玉寧：《文藝報》
陳漢萍：《新華文摘》
韓　璇：中國知網
宋　強：人民文學出版社
過常寶：北京師範大學
李　怡：北京師範大學
劉　勇：北京師範大學
鄒　紅：北京師範大學
錢振綱：北京師範大學
沈慶利：北京師範大學
林分份：北京師範大學
呂　黎：北京師範大學
呂潔宇：西南大學博士生

荀強詩：四川大學博士生
李直飛：四川大學博士生
王永祥：四川大學博士生
李　哲：四川大學博士生
譚　梅：四川大學博士生
高博涵：四川大學博士生
任冬梅：北京師範大學博士生
謝君蘭：北京師範大學博士生
羅維斯：北京師範大學博士生
趙　靜：北京師範大學碩士生
葛　璐：北京師範大學碩士生
齊午月：北京師範大學碩士生
陳曉嘉：北京師範大學碩士生
柳　潤：北京師範大學碩士生

二、會議議程

11 月 30 日　全天報到。地點：速 8 酒店

12 月 1 日上午 9 點——12 點　會議。

地點：北京師範大學主樓 7 層勵耘報告廳
開幕式：9 點——9 點 15　主持人：李怡
北京師範大學文學院院長過常寶教授致辭
臺灣政治大學張堂錡教授致辭
每人發言 10 分鐘，點評共 10 分鐘

第一場研討：9 點 15——10 點 25 主持人：劉勇、欒梅健（兼點評 10 分鐘）

發言人：張富貴（吉林大學文學院）
陳福康（上海外語大學）
張堂錡（臺灣政治大學）
姜　飛（四川大學）
賈振勇（山東師範大學）

周維東（四川大學）
第二場研討：10 點 40——12 點主持人：鄒紅、李今（兼點評 10 分鐘）
發言人：沈　芸（中國電影藝術研究中心）
鄧建鵬（中央民族大學）
胡學常（南開大學）
李宗剛（山東師範大學）
楊華麗（綿陽師範學院）
張武軍（西南大學）
顏同林（貴州師範大學）
12 點——1 點　自助餐　（集天餐廳）

12 月 1 日下午 1 點 30——5 點　會議。
地點：北京師範大學主樓 7 層勵耘報告廳
第三場研討：1 點 30 分——3 點　主持人：傅光明、高遠東（兼點評）
發言人：李光榮（西南民族大學）
趙步陽（金陵科技學院）
張桃洲（首都師範大學）
李　哲（四川大學）
高博涵（四川大學）
錢曉宇（華北科技學院）
張　霞（西華師範大學）
第四場研討：3 點 10 分——5 點　主持人：陳漢萍、肖偉勝（兼點評）
發言人：錢振綱（北京師範大學）
黎保榮（肇慶學院）
羅執廷（暨南大學）
盧　軍（聊城大學）
羅維斯（北京師範大學）
袁　莉（四川師範大學）
呂　黎（北京師範大學）
晚餐　北京師範大學實習餐廳

12 月 2 日上午 9 點——12 點　會議。

第五場研討：9 點——10：30　主持人、張桃洲、張堂錡（兼點評）

發言人：倪海燕（肇慶學院）
譚　梅（成都大學）
呂潔宇（西南大學）
林分份（北京師範大學）
張中良（中國社科院）
黃　菊（西南大學）
李直飛（四川大學）

第六場研討：10：40——12：00　主持人：張中良、趙步陽（兼點評）

發言人：傅學敏（西華師範大學）
胡安定（西南大學）
王永祥（四川大學）
王學東（西華大學）
彭冠龍（貴州師範大學）
胡昌平（新疆塔里木大學）
任冬梅（北京師範大學）
苟強詩（四川大學）
沈慶利（北京師範大學）

午餐　北京師範大學實習餐廳

12 月 2 日下午 1 點 30——5 點　會議。

1 點 30——2 點 10　「民國文化與文學研究文叢」首發式
（主持：臺灣花木蘭文化出版社）

第七場研討：2 點 30——4：30　主持人：錢振綱、李青果（兼點評）

發言人：曹立新（廈門大學）
袁少沖（山西運城學院）
符　平（紅河日報）
謝君蘭（北京師範大學）

劉海洲（商丘師範學院）
康　鑫（河北師範大學）
彭　超（西南民族大學）
畢　海（中央民族大學）
門紅麗（中國石油大學）
布小繼（雲南紅河學院）

閉幕：4：30——5：00　主持人：王保生

與會嘉賓學術感言（李斌）
「西川論壇」代表 顏同林教授致謝
主辦方代表 李怡 答謝辭

5：30 晚餐　九頭鳥餐廳

會務組聯繫人員：謝君蘭：18810558554（住速 8 酒店）
黃　菊：13983446676（住速 8 酒店）
張武軍：13983999769（住速 8 酒店）
羅維斯：18810558554
趙　靜：18811468477
李　怡：13691386046

後記

西川論壇擬每年舉行一次學術年會，今年的主題是「民國法律與中國現代文學」，會議文集也就是《民國文化與文學學術年刊》2013 年卷。在北京召開的這一屆年會，因爲對「民國文學」的關注，吸引了更多的學者群體，最終大大地超過了西川同人的範圍，會議的主題也從「法律文化」延伸、擴展爲對整個民國文學觀念、文學史建構的討論，這一討論無疑大大地提升了我們年會的影響，爲未來的學術發展帶來了深遠的啓示。不過，爲了體現我們學術年刊的連續性，在最後的文集編訂之時，我們依然決定忍痛割愛，只呈現與民國法律文化相關的學術成果，而將會議的豐富內容留給《西川論壇》電子期刊第三期。

在北京召開的第二屆西川論壇年會，得到了北京師範大學社科處、文學院，以及花木蘭文化出版社等各方面的大力支持，謝君蘭、黃菊尤其爲會議籌備付出了相當的心血，最後的文集也是由我們三位共同編輯的。但願這些精神力量能夠成爲西川同人的學術進步的動力，在我們各自的道路上繼續努力。

李怡　　2013 年新年於勵耘居